D1720646

Helbling · Die Zeit bestehen

Hanno Helbling

Die Zeit bestehen

Europäische Horizonte

Artemis Verlag

© 1983
Artemis Verlag Zürich und München
Printed in Switzerland
ISBN 3 7608 0593 0

INHALT

———

EINLEITUNG
Die Zeit der Geschichtschreibung
9

ERSTES KAPITEL
Kirche und Staat – Thomas Becket
19

ZWEITES KAPITEL
Der Mythos der Armut – Franz von Assisi
33

DRITTES KAPITEL
Mystik und Geschichtlichkeit – Meister Eckhart
51

VIERTES KAPITEL
Zeitliche Wiederkehr – Dante
61

FÜNFTES KAPITEL
Die Zeit bestehen – Karl V.
71

SECHSTES KAPITEL
Erneuerung und Widerstand – Leibniz und Bossuet
95

SIEBENTES KAPITEL
Denken ohne Dogma – Wurzeln des Liberalismus
119

ACHTES KAPITEL
«Dem Staate liegt daran» – ein Satz aus «Fidelio»
137

NEUNTES KAPITEL
Das historische Verstehen – Jacob Burckhardt
145

ZEHNTES KAPITEL
Geschichte inszenieren – Bismarck
167

ELFTES KAPITEL
Der Täter und der Zaungast – Churchill und Harold Nicolson
179

ZWÖLFTES KAPITEL
Die Gesamtdeuter – Spengler und Toynbee
201

DREIZEHNTES KAPITEL
Die geschichtliche Synthese – Fernand Braudel
219

Die Zeit der Geschichtschreibung

Auf die Frage nach der Zeit der Geschichtschreibung geben wir – tastend, versuchsweise – zwei Antworten. Die erste lautet: Die Zeit der Geschichtschreibung ist der Raum der Geschichte. Die zweite lautet: Die Zeit der Geschichtschreibung ist die europäische Neuzeit. Beide Antworten bedürfen einer Erklärung; beide erhalten nur Sinn aus einem bestimmten Zusammenhang. Die beiden Antworten kommen von ganz verschiedenen Seiten und Ebenen; ob und wie sie doch zueinandergehören, muß die Erläuterung zeigen.

*

Die Zeit der Geschichtschreibung ist der Raum der Geschichte.

Unsere Vorstellung bewegt sich in Bildern der Vergangenheit, Gegenwart, Zukunft, die einander in räumlichen Verhältnissen zugeordnet sind. Wir reden von dem, was «zurückliegt», was durch die Jahrhunderte «herauf» überliefert wird; von «tiefen» Epocheneinschnitten und von den «unbetretenen Gipfeln der Zeit». Der Zeit, die wir aber in unserer Sprache als Raum begreifen. In Höhen und Niederungen, düstern und aufgehellten Wegstrecken sehen wir die Geschichte vor uns. Jedem erscheint sie anders. Aber jeder Historiker weist mit seinen Metaphern auf eine Landschaft, die er vor Augen hat. Seit wann das so ist – die Frage behalten wir nun zurück.

Die metaphorische Landschaft der Vergangenheit ist nicht immer, nicht leicht zu trennen von unserem Bild der wirklichen Szenerie des Geschehens. Die Völkerwanderung führt die germanischen Stämme aus den «Tiefen» der Vorzeit, zugleich aber aus den Tiefen des euroasiatischen Kontinents hervor. Raum und Zeitraum vermischen sich in der Vorstellung. Der «Gang» der Weltgeschichte zeigt sich auf der Länderkarte. Als Bewegung von Osten nach Westen wird er von manchen Denkern nicht nur veranschaulicht, sondern gedeutet. Die heranwachsende Menschheit «schreitet» bei Herder von Kultur zu Kultur aus dem Orient durch den Mittelmeerbereich ins Abendland – eine organisch-räumliche Formulierung der «Translatio Imperii», von der noch die Rede sein muß.

Auf doppelte Weise wird die Geschichte zur räumlichen Vision in Hölderlins Dichtung. In ihr ist die Vergegenwärtigung der historischen Szene – Topographie der mythischen wie der historischen Vorgänge – von der szenischen Darstellung des Geschehens als solchen («Wandel» des Volkes, Weg und Umweg des vaterländischen Schicksals) gar nicht zu trennen.

«Schon grünet ja, im Vorspiel rauherer Zeit
Für sie erzogen das Feld, bereitet ist die Gabe
Zum Opfermahl und Tal und Ströme sind
Weitoffen um prophetische Berge,
Daß schauen mag bis in den Orient
Der Mann und ihn von dort der Wandlungen viele bewegen.»

Germanien, 33–38

Der zeitliche Vollzug in räumlicher Dimension ist bei Hölderlin das frühere Motiv.

«Doch, wie der Frühling, wandelt der Genius
Von Land zu Land.»

Gesang des Deutschen, 37–38

Aber in ihm ist schon die Frage nach der Gestalt des Voll-
zuges selber gestellt.

«Doch die Jahre der Völker,
Sah ein sterbliches Auge sie?»

An die Deutschen, 43–44

Und alsbald wird ein eigener zeitlicher Ort zur noch unbe-
stimmten Ort-schaft der Zeiten, der Zeitigung, in Bezug
gesetzt.

«...schon Abend ist's,
Nun schlafe, wo unendlich ferne
Ziehen vorüber der Völker Jahre.»

Rousseau, 2–4

Die weltgeschichtlichen Bewegungen, real-geographisch,
bleiben präsent:

«...so kam
Das Wort aus Osten zu uns...»

Am Quell der Donau, 35–36

Doch im Stromsymbol verbinden sie sich mit der ideal-
räumlichen Figuration, in der unmittelbar das Schicksal in
seinem Geschehen erscheint.

«Der scheinet aber fast
Rückwärts zu gehen und

Ich mein, er müsse kommen
Von Osten.»

Der Ister, 41–44

Die Landschaft wird, ohne ihren historischen Erinne-
rungsgehalt zu verlieren, zur Metapher geschichtlicher
Lenkung und Verwirklichung selbst:

> «Und die Zeiten des Schaffenden sind,
> Wie Gebirg,
> Das hochaufwogend von Meer zu Meer
> Hinziehet über die Erde...»

Der Mutter Erde, 67–70

Die Geschichtschreibung faßt und erschließt, gliedert und
mißt den konkret erfahrenen Raum der Geschichte mit Begriffen der Zeit. Dieser Abstraktionsvorgang verrät in der
Sprache noch seinen Ansatz; im Reden von «Abschnitten»,
von «Perioden» (wörtlich: Umgängen) – fast mit jedem
Wort. Er stiftet aber oder macht doch verfügbar, was die
Geschichtschreibung zu dem werden läßt, was sie ist,
ihren Grund-Zug: die Perspektive.

In der Perspektive ist der Raum der Geschichte historische Zeit. In ihr stellt sich das Vergangene dar als Individuelles, als Schicksal. In ihr bilden sich die Distanzen, zwischen betrachtendem und betrachtetem Individuum, aus
denen die Geschichtschreibung lebt und mit denen sie um-
geht. Ebenso wie die räumlichen Vorstellungen sind auch
die zeitlichen Erstreckungen nur je persönlich erfahrbar.
Aber sie bieten Gewähr für eine Verständigung über den
Rahmen, in dem das Geschichtliche uns erscheint – jedem
anders, aber jedem als das selbe, das anders den andern er-

scheint: perspektivische Identität. Im Medium der Sprache vollzieht sich die Individuation des Vergangenen, übersetzt sich der Raum der Geschichte in die Zeit der Geschichtschreibung.

*

Die Zeit der Geschichtschreibung ist die europäische Neuzeit.

Der Prophet Daniel deutet dem König Nebukadnezar sein Traumgesicht: das große, furchtbare Standbild, dessen Haupt von Gold, dessen Brust und Arme von Silber, dessen Bauch und Lenden von Erz, dessen Schenkel von Eisen, dessen Füße teils Eisen, teils Ton sind. «Solches schautest du, bis ein Stein herabgerissen ward ohne Hände; der schlug das Bild an seine Füße, die Eisen und Ton waren, und zermalmte sie. Da wurden miteinander zermalmt Eisen, Ton, Erz, Silber und Gold, und wurden wie Spreu auf der Sommertenne, und der Wind verwehte sie, daß man sie nirgends mehr finden konnte. Der Stein aber, der das Bild schlug, ward ein großer Berg, daß er die ganze Welt füllte.» Der König selbst ist das goldene Haupt, nach ihm wird ein anderes, geringeres Reich kommen, darauf noch eines, endlich ein viertes, das zerteilt wird unter ungleiche Herrscher. «Aber zur Zeit solcher Könige wird der Gott des Himmels ein Reich aufrichten, das nie mehr zerstört wird; und seine Herrschaft wird auf kein anderes Volk kommen» (Daniel 2, 31–45).

Dieser Traum und seine prophetische Deutung fassen die Geschichte in ein festes Modell. Für die mittelalterliche Historiographie ist dieses Bild der sich wandelnden und zuletzt sich aufhebenden Reichsherrschaft durchaus bestimmend geblieben. Aus der römischen Literatur ist die Formel der «Translatio Imperii» dazugetreten, eine Bezeichnung für Dynastie- und Verfassungswechsel, für Machtverlagerung, ein abstrakter Terminus, der zunächst keine Geschichtstheorie enthält.

Die theologisch durchdachte Historie aber, wie sie Otto von Freising vorlegt, läßt dann die Ausweitung und Vertiefung des Translationsgedankens erkennen. Nicht nur stellt Otto schon in der Vorrede zum ersten Buch seiner «Chronica» fest – und wiederholt den Satz im Prolog zum fünften –, daß alle Weisheit und Macht im Osten begonnen habe, im Westen ende; womit er einer längst etablierten Auffassung folgt. Er begreift diese Wanderschaft menschlicher Größe von Asien nach Europa als Zeichen der irdischen Unbeständigkeit und Vergänglichkeit; und solche Zeichen sind ihm auch Auf- und Untergang, Leben und Sterben der einzelnen Reiche. Denn in ihnen sieht er Organismen: er spricht von ihrer «robusta aetas», von ihrer Altersschwäche, und er verwendet Krankheitsmetaphern bei der vergleichenden Darstellung ihres Abstiegs; dabei zieht er die Parallele namentlich zwischen dem römischen und dem babylonischen Kräftezerfall, Augustinus folgend, mit aller Genauigkeit aus. Und so sind es auch zyklische Bilder, die ihm zur Kennzeichnung des Geschehens dienen; von Orosius übernimmt er den Vergleich mit den Gezeitenwechseln des Ozeans, und die vertikale Dimension entnimmt er dem 107. Psalm (26): «... sie fuhren hinauf zum Himmel, hinunter zur Tiefe, daß ihre Seele in Not verzagte... («Chronica» II, 5 1; IV, 3 1).

So hat sich im Mittelalter der szenische Rahmen herausgebildet, der bis ins 19. Jahrhundert hinein die «Weltgeschichte» umschloß – denn eine «Translation» von «Weisheit und Macht» in den ferneren Westen, auf den neuen Kontinent, ist von Chateaubriand gefühlsmäßig aufgefaßt und von Tocqueville in das Geschichtsbild einbezogen, von deutschen Historikern aber erst später gesehen worden. Und auch der Lebensvollzug einer Folge von Reichen (von «Kulturen», wie man jetzt sagt) findet sich durch das Mittelalter hin vorgestellt, in seinen organischen Abrundungen und in dem gottgewollten Zusammenhang, an dem man bei mehr oder weniger deutlicher eschatologischer Sinngebung weiterhin festgehalten hat, vielfach noch festhält. Wann aber kommt die Perspektive ins Spiel?

Guicciardini sagt in seinen «Ricordi» (I, 140): «Die Dinge der Welt stehen nicht still; vielmehr schreiten sie immer voran auf dem Weg, auf den sie vernünftigerweise ihrer Natur gemäß schließlich geführt werden, aber langsamer als wir meinen; denn wir messen sie nach unserem Leben, das kurz ist, und nicht nach ihrer eigenen Zeit, die lang ist; und darum sind ihre Schritte langsamer als die unseren sind, und ihrer Natur gemäß derart langsam, daß wir oft, wenn sie sich auch bewegen, ihre Bewegungen dennoch nicht wahrnehmen; und so irren wir oft in unseren Urteilen.»

Solche Worte setzen den Übergang «von der theologischen zur natürlichen Auffassung des geschichtlichen Lebens» (Dilthey) voraus. Und sie bezeichnen zugleich den Ort, an dem sich die Zeit der Chronistik zum Ende neigt und die Zeit der Geschichtschreibung anfängt. Den «Ort in der Zeit», also den Wendepunkt zur Moderne; aber auch, was den Prozeß der historischen Arbeit – Darstellung, Deutung – betrifft, den Ort perspektivischen Durchblicks, das heißt: den reflektierten je eigenen Standort. Aus der bewußten Verrechnung des Wegstücks, das ich zurücklege, mit dem größeren Weg, auf dem sich «die Dinge der Welt» bewegen, geht mein «Urteil» über das Geschehen hervor, und ich irre nur dann nicht in ihm, wenn meine Sicht entzerrt ist, die Dinge «ihrer Natur gemäß» angeschaut sind. So, wie ich Geschwindigkeit und Kurs vergleichen muß, um die Fahrt eines Dampfers zu begreifen, den ich aus einem Schnellboot beobachte.

Die Geschichtschreibung, die an der Schwelle zur europäischen Neuzeit entstanden ist, nennt man «kritisch». Man denkt dabei an die Prüfung der Quellen, die damals eingesetzt hat, an die Befreiung von der Autorität alter, oft falscher Tradition. Aber der Kern der Kritik liegt in der Selbstkritik, in der Unterscheidung dessen, was ich sehe, von dem, was ist. Nicht indem er die Erscheinungen aus ihrer Nähe oder ihrer Ferne, ihrer Dauer oder ihrer Flüchtigkeit löst und «als solche» hinstellt (das ist Chronistik), sondern indem er seinen Standort und Blickwinkel kenntlich macht, verfährt der Historiker kritisch, nämlich so, daß man die Erscheinungen in ihrem Erscheinen sieht: in den Proportionen, welche sie «ihrer Natur gemäß» zeigen im Raum der Geschichte; in dem dynamischen Zug, der uns in seine Tiefe weist. Solches Vorstellen muß nicht unsere letzte Möglichkeit sein, Vergangenes zu betrachten. Die Entwicklung der Malerei läßt uns Wechsel ahnen, die sich auch einmal wieder in unserer Wissenschaft spiegeln können. Einstweilen halten wir uns in der Zeit der Perspektive: in der Perspektive der Zeit.

—

ERSTES KAPITEL

Kirche und Staat – Thomas Becket

Kirche und Staat. Wir sind es gewohnt, die beiden Begriffe gegeneinanderzustellen, wir denken uns den Konflikt dazu, der im Spannungsfeld zwischen ihnen entstanden ist, ein- übers anderemal – aber ist er immer derselbe? Mittelalter, Investiturstreit: der nähere Hintergrund der Geschichte, die hier erzählt wird. Wir denken an Canossa; der Kaiser bußfällig vor dem Papst, den die Szene um seinen Sieg betrügt. An den fünften Kreuzzug; der Kaiser als Herrscher im wiedergewonnenen Jerusalem, aber vom Papst gebannt. Oder an Späteres; der Kaiser im Kampf gegen die protestantischen Reichsstände, doch uneins, in Fragen des Konzils, mit dem Papst. Der tiefere Hintergrund dieser Geschichte liegt bei der Wendung, die für Dante der zweite Sündenfall war: Durch Konstantin wurde das Christentum die im römischen Reich bevorzugte Religion; nach späterer Fälschung hätte der Kaiser ein Stück von Italien den Päpsten geschenkt. So kamen erste Verbindungen jener Begriffe zustande – Staatskirche, Kirchenstaat.

Die beiden «Schwerter» oder «Lichter» hießen die weltliche und die geistliche Gewalt in der politischen Publizistik des Mittelalters. In der Polemik wurde gesagt, der Gegner stecke zwei Schwerter in eine Scheide, ein Licht habe das andere ausgelöscht. Die Hinweise sind nicht zu zählen, wonach immer wieder zusammengebracht, -geschwindelt, -gezwungen wurde, was wesensnotwendig hätte getrennt bleiben müssen. Getrennt, obwohl ja die Oberhäupter der katholischen Kirche nie ohne irdische

Macht, die christlichen Kaiser und Könige nie ohne himmlische Weihe waren; so daß an der Trennung, so konstitutiv sie auch sein mochte, immer ein Hauch von Fiktion hing und der Anstoß zu ihrer Aufhebung in ihr selbst lag.

Auch war die Verbindung geistlicher mit weltlicher Autorität, sei es in kirchlichem oder in staatlichem Interesse, nicht seltener als die Wahl einer klaren, die Vermengung ausschließenden Position. Die Politik Barbarossas hat über Jahre hin ihre antipäpstliche Schärfe durch den Kanzler des Reichs erhalten: durch Rainald von Dassel, der doch als Erzbischof von Köln zu den ersten Kirchenfürsten nördlich der Alpen gehörte. Einen Loyalitätskonflikt hat sich dieser streitbare Herr nie anmerken lassen; hoch wahrscheinlich ist, daß er keinen verspürte. Auf ihn geht die für Alexander III. so belastende Verständigung zwischen dem Kaiser und Heinrich II. von England zurück. Und ihr wieder lag unter anderem das Zerwürfnis zugrunde, das zwischen Heinrich Plantagenet und der Kirche entstanden war – der Kirche, die sich dem König darstellte in der Person seines ehemaligen Kanzlers, in Thomas Becket.

Heinrich II. war der Urenkel Wilhelms des Eroberers. Seine Mutter Mathilde, Tochter Heinrichs I., war mit Kaiser Heinrich V. vermählt gewesen, bevor sie den Grafen von Anjou, Geoffroy Plantagenet, heiratete und nach dem Tod ihres Vaters den Kampf um das Erbe aufnahm gegen ihren Vetter Stephan von Blois. Für unsere Geschichte nicht unwichtig ist, daß dieser Nachfolgestreit geschlichtet wurde durch Erzbischof Theobald von Canterbury. Man kam überein, daß der Sohn Mathildes dem angefochtenen König auf den Thron folgen werde; das war im achtzehnten Jahr der chaotischen Herrschaft Stephans, im neunzehnten starb er, 1154. Heinrich war damit Herrscher eines Gebiets, das außer England (ohne Schottland und Wales) den Westen Frankreichs bis zu den Pyrenäen umfaßte: die Normandie und die Bretagne, die Loire-Provinzen, Aquitanien und die Gascogne. In diesem Reich zog er umher als ruheloser Ordner. Ein Mann der Gesetzgebung und der Verwaltung mehr als des Kriegs, doch von nur halb gebändigtem Temperament, eine Kraftnatur; gebildet, aber des Englischen unkundig wie wohl die meisten Angehörigen der normannischen Oberschicht, zu der auch Becket gehörte.

*

Thomas von London, wie er sich anfangs nannte, war der Sohn eines Kaufmanns aus Rouen; die Mutter stammte aus Caen; so daß die Legende, die hinter dem Streit zwischen Becket und König Heinrich einen ethnischen Gegensatz andeutet, keinerlei Grundlage hat. Am Tag seines Namenspatrons – am 21. Dezember, wahrscheinlich 1118 – geboren, wuchs Thomas in einem Haus der «City» auf, wo gehobenes Bürgertum und niederer Adel als kaum voneinander abzugrenzende Stände sich trafen. Es scheint nicht, daß es ihn aus diesem Kreis alsbald hinausgezogen hätte. Seine Mutter hielt ihn zwar zu höherer Bildung an, daher folgte den Londoner Schuljahren ein Aufenthalt in Paris, wo der Siebzehnjährige einigen großen Lehrern begegnet sein muß: Petrus Lombardus, Abaelard; doch mit zwanzig kam er nach London zurück und begann eine kommerziell-juristische Laufbahn, die ihn mit ländlichen und städtischen Trägern des Wirtschaftslebens, mit dem Rechts-

und dem Steuerwesen des Königreichs, flüchtig auch mit dem Hof in Berührung brachte. Erst fünf Jahre später tat er den Schritt in das Spannungsfeld seines künftigen Lebens; er begab sich – wir wissen nicht, unter welchen näheren Umständen – in die Dienste des Erzbischofs von Canterbury.

Der junge Becket wird uns geschildert als «hochgewachsen und schlank, dunkelhaarig und bleich, mit langer Nase, gradgeschnittenem Gesicht; von lebhaftem Ausdruck, gewinnend und liebenswürdig in jedem Gespräch, freimütig in seiner Rede, aber leicht stockend beim Sprechen; so scharf im Unterscheiden und im Begreifen, daß er es immer aufs beste verstand, Klarheit in schwierige Fragen zu bringen. So unfehlbar war sein Gedächtnis, daß er jeglichen Satz oder Rechtsgrund, den er gehört hatte, jederzeit anführen konnte.» Und der anonyme Chronist sagt: «Wegen dieser großen Gottesgaben, die wir jetzt schon haben nennen können, war es für kluge Männer ein leichtes zu sehen, daß er zu einer hohen Stellung in Gottes Kirche bestimmt war.» Ein leichtes? Vielleicht doch erst hinterher; während allerdings einleuchten mochte, daß ein Mann von so guten allgemeinen Voraussetzungen – wozu auch die Herkunft zu rechnen war – sich hervortun werde, sei's geistlich, sei's weltlich; und dem Lebensstil nach unterschieden sich die Bereiche nicht allzusehr.

In Erzbischof Theobalds langer Regierungszeit trug nun zwar Canterbury durchaus den Stempel ernstlicher Spiritualität. Mönchische Zucht und Gelehrsamkeit wurden vorbildlich gepflegt; nebenbei immerhin soviel aktive Politik getrieben, wie König Stephans schwache Position es erlaubte: also sehr viel. Und auf diesem Gebiet wird der junge Sekretär den Erzbischof unterstützt haben. Später,

1166, hatte er allen Grund, sich einer Episode aus diesen Dienst- und Lehrjahren zu erinnern. Theobald hat nämlich einmal, 1148, England gegen königliches Verbot verlassen, um dem Konzil von Reims beizuwohnen. Nur von Thomas begleitet, überquerte er den Kanal, «eher schwimmend als segelnd», wie Papst Eugen III. anerkennend bemerkt habe.

Derselbe Papst hat es im Jahr 1152 abgelehnt, den Sohn König Stephans zu krönen und ihm damit die Nachfolge auf dem englischen Thron zu sichern. Ob Eugen III. sich unmittelbar von Becket zu dieser Entscheidung bestimmen ließ, wie vermutet wurde, bleibt offen. Klar ist, daß er die Politik Theobalds unterstützte, die auf einen Dynastiewechsel hinzielte (und kurz darauf durch den Tod des Königssohns noch entscheidend begünstigt wurde). Auch muß man annehmen, daß Thomas mehrmals in Rom war, zum Teil als Begleiter des Erzbischofs; ja, er hat in der Zeit um 1150 ein Studienjahr an der Rechtsschule von Bologna verbracht, wo er dem großen Kanonisten Rolando Bandinelli noch begegnet sein könnte: dem späteren Papst Alexander III., dessen langes Pontifikat den Kampf mit dem Kaiser zugunsten der Kirche wandte und durch das «Martyrium» Beckets einen besonderen, wirkungsvollen Akzent erhielt. Einstweilen hatte sich Thomas aber auf die nächsthöheren Aufgaben in der kirchlichen Verwaltung vorzubereiten, und er schien eine wesentliche Stufe erreicht zu haben, als er am Ende des Jahres 1154 zum Archidiakon von Canterbury ernannt wurde. Wenige Tage zuvor hatte Heinrich II. den Thron bestiegen.

Die Vergangenheit ist dunkel; und wir müssen hier wohl oder übel eingestehen, daß auf die Person des Thomas Becket nicht viel Licht fällt. Beispielsweise war er nun mit einem Mann befreundet, der dem mittelalterlichen Geistesleben stärkere Impulse mitgeteilt hat als er selbst: mit Johannes von Salisbury, der 1148 an den Hof des Erzbischofs Theobald gekommen war. Von der kritischen Solidarität, die Johannes mit Thomas verband, können wir uns ein Bild machen; was aber Thomas umgekehrt von Johannes hielt, wissen wir nicht, wir wissen tatsächlich kaum etwas von den menschlichen Anstößen, die auf ihn eingewirkt haben. Mit der abstrakten Ausrichtung seines jeweiligen Auftrags sind sie wohl überhaupt nicht vergleichbar; was die befremdliche Mischung von leidenschaftlichem Engagement und unbeteiligter Kälte bei Becket erklären mag: von Treue und Treulosigkeit je nach dem, ob es um Sachen oder Personen ging; nur daß auch die Sachen wechselten – und worauf deutet das? Jedenfalls, ein paar Wochen nach seiner Ernennung zum Archidiakon wurde er Kanzler des neuen Königs; zweifellos auf Empfehlung des Erzbischofs, der sich durch ihn einen stetigen Einfluß auf Heinrich II. zu sichern hoffte. Theobald konnte nicht wissen, daß sich so gründlich wie er nur der König selber einst wieder täuschen würde; für sein Teil erfuhr er bloß – und sogleich –, daß der Kanzler sich keiner Verpflichtung als der seines Amtes bewußt war.

*

Die Kirche – und nicht nur die Kirche als solche, als Institution, sondern das Christentum selbst, seine geistige Kohärenz, seine «Philosophie» – hat damals eine bedeutende, vielleicht die nachhaltigste Stärkung erfahren. Die große Ordensreform lag erst eine Generation zurück, sie kam eben jetzt für den Klerus als ganzen zum Tragen. Bernhard von Clairvaux, 1153 gestorben, wirkte durch seine großartige Konkretisierung des Christusglaubens noch immer auf den religiösen Charakter des Zeitalters ein. Und die theologische Systematisierung hatte begonnen, die das kommende Jahrhundert vollendete.

An all dem nahm Thomas nicht schöpferisch teil; doch sollte sein Leben in einer letzten und längsten Phase den ungeheuren Anspruch spiegeln, mit dem nun die Kirche der Welt gegenübertrat; der Welt, das hieß, wo sie Widerstand bot: dem Staat. Denn im selben Augenblick wuchs auch die weltliche Herrschaft zu einer ganz neuen Geltung heran. Nicht in erster Linie die der Kaiser, die sich doch immer nur Teilen des Reichs unmittelbar aufzwang. Aber die der Könige, und vor allen anderen die König Heinrichs II.: der nun mit einem Schwall von Gesetzeserlassen das Lehenswesen in fest geregelte und so freilich auch denaturierte, dem Amtswesen angenäherte Verhältnisse brachte. An diesem staatlichen Einheitsstreben nahm Thomas fürs erste teil, wiederum nicht mit schöpferischen Impulsen, sondern gleichsam als Technokrat der Krone. Und der König konnte sich sagen, daß sein Helfer der Rolle, die er ihm zugedacht hatte, vollkommen gewachsen war.

Der Umfang der dem Kanzler übertragenen Aufgaben war groß und in solcher Größe neu; auch sollte die Fülle von Pflichten und Vollmachten, die Becket zufiel, nicht so bald wieder vorkommen. Ihm unterstand das Schatzamt: die Aufsicht über den Staatshaushalt, die Steuern; dazu aber die direkte Verwaltung der Pfründen und Lehen, die nicht (noch nicht wieder) vergeben waren. Der gesamte schriftliche Verkehr ging durch seine Hände, der diplomatische wie der administrative, und gab bis zu 52 Sekretären zu tun. Thomas saß zu Gericht, führte Krieg, begleitete König und Hof auf die Jagd und auf zahllose Fahrten durch die Provinzen des Reichs. Und wie alle großen Günstlinge war er baufreudig und prunkliebend; bei aller persönlichen Anspruchslosigkeit, ja Askese trieb er einen Aufwand, der gewiß mehr das Amt als den Träger erhöhen und ehren sollte, der aber doch weiterum Anstoß erregte. Anstoß vor allem beim hohen Klerus: der alsbald ohnehin bitter empfinden mußte, wie wenig der Kanzler sich seinem früheren Lebensbereich noch verbunden zeigte. Zwar blieb er Archidiakon von Canterbury, aber anscheinend nur, um von den Kirchen der Diözese eine Steuer eintreiben zu können. Auch wurde bemerkt, daß er freigewordene Bischofs- und Abtssitze nur sehr zögernd wiederbesetzte und die Einkünfte inzwischen der Krone zuführte; daß er bei außerordentlichen Abgaben die Geistlichkeit unnachsichtig heranzog, sogar gegenüber den Laien benachteiligte; schließlich, daß er 1161, als Erzbischof Theobalds Ende kam, trotz dringenden Aufforderungen des einstigen Lehrers und Gönners dem Sterbebett fernblieb.

Allein, gerade der letzte Vorwurf muß uns Zurückhaltung nahelegen. Ganz abgesehen von der Möglichkeit, daß sich Thomas wirklich verhindert sah, Theobald aufzusuchen, überblicken wir auch die Motive nicht, die ihn außerdem davon abhalten konnten. Der Kanzler wußte vermutlich, was wir nicht wissen: warum der Erzbischof solchen Wert darauf legte, ihn nochmals zu sehen. Bloße Spekulation: er mußte erwarten, daß Theobald ihm einen letzten Wunsch – und er wußte auch (aber wir nicht), welchen – vortragen würde; einen Wunsch, der seinen Plänen zuwiderlief, den er dem Sterbenden hätte abschlagen müs-

sen, oder einen, der seinen Plänen gerade entsprach, aber
es sollte nicht aussehen, als erfüllte er ihn – seinem Vorgänger? Denn daß Thomas zu dieser Zeit annahm, er würde oder könnte Theobalds Nachfolger sein, ist nicht unwahrscheinlich. Womit aber nur noch einmal gesagt sein
soll, daß wir seine Gedanken nicht kennen. Johannes von
Salisbury kannte sie einigermaßen; und er, sonst nicht un-
kritisch gegenüber dem mächtigen Freund, hat sein dama-
liges Verhalten gebilligt.

Wir sind auch nicht gut genug informiert, um den Ent-
scheidungsprozeß zu verstehen, der zwischen Theobalds
Tod und Thomas' Wahl sich vollzog. Der Praxis des Kanzlers entsprach es, daß die Vakanz – mit ihren Vorteilen für
die königlichen Finanzen – ein Jahr lang anhielt. Entsprach es auch seinem Charakter, daß er sich sträubte, die
Nachfolge anzutreten, die Heinrich ihm antrug? Man
kann eines sagen: er hatte zu solchem Zögern mehr Grund,
als andere ahnen konnten. Denn Thomas wußte wiederum,
was vor allem der König nicht wissen konnte: daß er das
Kanzleramt mit dem Erzstuhl von Canterbury vertauschen, nicht das eine zum anderen fügen würde. Indem er
sich also dazu entschloß – und warum hätte es ihm wohl
leicht fallen sollen? –, seiner bisherigen Position zu entsagen, schlug er sich auf die Seite der Kirche; die ihm darum
nicht mehr bot, als wenn er zugleich Exponent des Staates
geblieben und damit zu unvergleichlicher Autorität gelangt wäre. (Tatsächlich bot sie dem Erzbischof wesentlich weniger, nämlich nicht annähernd so loyale Bischöfe,
wie er als Kanzler *und* Erzbischof gehorsame Bischöfe gefunden hätte.) Um persönliche Macht ging es ihm somit
nicht, wie sehr man ihm das auch zur Last gelegt hat; sondern es ging ihm, gerade bei dieser letzten und gründlich-

sten Kehrtwendung, um ein Prinzip; es ging ihm, so anachronistisch das klingen mag, um die Trennung von Kirche und Staat.

Aber war denn nicht alles, was er bisher getan hatte, diesem Prinzip zuwidergelaufen? Hatte nicht er, wenn einer, die beiden Schwerter in eine Scheide gesteckt? In seiner Kanzlerpolitik hatte er eine eigenständige, weltlichen Herrschaftsansprüchen entzogene Autorität ja gerade verneint. Und umgekehrt war hinter der Regentenhaltung, hinter den Machtdemonstrationen des großen Herrn ein geistlicher Habitus immer mit sichtbar geblieben: zölibatäre Strenge, die von dem tollen Treiben des Königs abstach; Andachten, Bußübungen, wie sie im Klerus selber nicht durchweg üblich waren. Kein Zweifel, daß seiner innersten Neigung das neue, das letzte Amt voller entsprach als der Königsdienst. Erst die Rolle des Kirchenfürsten hat von ihm ganz Besitz ergriffen. Diesem persönlichen Vorgang entsprach aber die Radikalisierung des geistlich-weltlichen Gegensatzes: das eine Licht suchte das andere auszulöschen.

*

Was noch folgt, kann man kurz oder lang erzählen. Wir erzählen es kurz, weil es nur noch Vollzug ist, bloße Konsequenz aus dem Vorgegebenen. Thomas von Canterbury wurde am 2. Juni 1162 zum Priester, am Tag darauf zum Bischof geweiht. Ein Jahr später kam der erste offene Streit mit dem König – über eine Steuer. Noch ein Jahr, und der Konflikt hatte sich ins Grundsätzliche gesteigert, der Erzbischof weigerte sich, den Konstitutionen von Clarendon zuzustimmen, in denen Heinrich II. die Einordnung des Klerus in sein Herrschaftssystem dekretierte. Er floh nach Frankreich, fand Aufnahme bei König Ludwig VII. und konnte der Unterstützung Alexanders III. gewiß sein. Die Auseinandersetzung ging weiter innerhalb des englischen Klerus, sie wurde in Rom und Paris geführt mit diplomatischen Vorstößen, kirchlichen Gegenerlassen, in polemischen Schriften. 1170 glaubte man eine Art Waffenstillstand schließen zu können; Thomas kehrte zurück, erregte aber sogleich wieder den Unwillen Heinrichs, indem er die königstreuen Prälaten verfolgte. Noch im selben Jahr, am 29. Dezember, wurde der Erzbischof in seiner Kathedrale von vier Rittern des Königs erschlagen.

Keine zwei Jahre später war er ein Heiliger der römischen Kirche, und Heinrich II. sah sich genötigt, die Verzeihung des Papstes – nicht für Beckets Ermordung, an der er kaum unmittelbar Schuld trug, aber für seine Verfolgung – zu erbitten. Er tat sogar Buße an seinem Grab, 1174, um den etwa noch fortdauernden Groll der Thomas-Anhänger zu beschwichtigen. Seine Kirchenpolitik war nun auf Kompromiß gestimmt; die Konstitutionen von Clarendon hat er verwässern müssen, das Zusammenspiel zwischen dem Papst und einem rebellischen Teil des englischen Klerus hätte sonst wohl kein Ende gefunden. Insofern war die Opposition des Thomas von Canterbury nicht ohne Wirkung geblieben. Keineswegs hatte sie aber zu jener Trennung von Kirche und Staat geführt, auf die sie tendenzmäßig angelegt war. Und auch diese Anlage sieht man klarer, als etwa Zeitgenossen sie sahen, seit man Thomas Becket in die Geschichte einer Grundproblematik des Abendlandes einordnet. Aber auch spätere Deuter sind immer wieder vom Hauptthema abgelenkt worden durch sagenhaftes Detail und namentlich durch die Frage, wie man sich denn das Verhältnis zwischen dem jungen, triebhaft-dynamischen König und seinem strengen Diener, dann Gegner zu denken habe. Dichterische Vorstellungskraft hat hier die eine und andere Antwort gefunden. Der Historiker steht, wie so oft, vor verschlossenen Türen.

ZWEITES KAPITEL

Der Mythos der Armut – Franz von Assisi

Der heilige Franziskus – um 1182 als Sohn des Pietro Bernardone in Assisi geboren, am 3. Oktober 1226 in S. Maria di Portiuncula vor seiner Heimatstadt gestorben – steht als Lichtgestalt in der Kirchengeschichte. Auch und gerade *die* Historiker, die sich Rechenschaft gaben über die Tragik seines Lebens und die tiefe Problematik seines Werks, haben an der Verklärung gearbeitet, die ihn umgibt; allen voran Paul Sabatier, dessen klassisch gewordene Biographie, 1893 erschienen, wie kein anderes Buch unser Bild von dem Heiligen noch heute bestimmt. Der Goldgrund, im Vorwort abgekratzt, leuchtet in neuem Glanz über dem Nachwort; angezweifelt, als Stilisierung entlarvt, gelangt die Legende doch wieder zu ihrer Vorherrschaft – denn wir können sie zwar «hinterfragen», wie der mit gutem Grund so hilflose Ausdruck lautet, aber wir können sie nicht ersetzen: wenn wir erzählen wollen, haben wir keine andere Grundlage.

Es sei denn, wir gingen von der Grundlage aus, die Franziskus selber als solche betrachtete und die in den Worten des Matthäus-Evangeliums (10,7–10) besteht: «Geht und verkündet: Das Himmelreich ist nahe. Heilt Kranke, weckt Tote auf, macht Aussätzige rein, treibt Dämonen aus! Umsonst habt ihr empfangen, umsonst sollt ihr geben. Steckt nicht Gold, Silber und Kupfermünzen in euren Gürtel. Nehmt keine Vorratstasche mit auf den Weg, kein zweites Hemd, keine Schuhe, keinen Wanderstab; denn wer arbeitet, hat Anspruch auf Unterhalt.»

Diesen Sendungsworten Jesu an seine Jünger und noch genauer der Fassung bei Lukas (9, 3) entspricht jener Satz, den Franziskus im Jahr 1222 in die Regel seines Ordens aufnahm: «Ihr sollt nichts mitnehmen auf euren Weg.» Die Regel wurde von Papst Honorius III. im folgenden Jahr bestätigt – aber ohne diesen Satz; die Provinzoberen des Ordens hatten Einspruch erhoben. Dies bedeutet nichts anderes, als daß im Rahmen der Kirche das Programm des Franziskus damals gescheitert ist. Denn nichts mitnehmen hieß für ihn «das Evangelium halten»; etwas mitnehmen: «die Vollkommenheit des Evangeliums» preisgeben. Wie zentral für ihn der Begriff der Armut war, wird auf gleichsam unwillkürliche Weise illustriert durch zwei der ältesten Lebensbeschreibungen.

In der sogenannten «Drei-Gefährten-Legende», die zwischen 1241 und 1246 entstanden ist, heißt es, Franziskus – noch der reiche Kaufmannssohn, der mit seinen Gefährten zecht und singend durch die Gassen des Städtchens zieht – sei mit einemmal in tiefes Nachdenken versunken und seinen Freunden als ein anderer Mensch erschienen. ‹‹Was hast du denn?› fragte ihn einer, ‹woran dachtest du, daß du uns nicht gefolgt bist? An eine Frau, die du heimführen willst?› ‹Ja›, gab er zur Antwort, ‹ja, wirklich! Und die Braut, an die ich dachte und die ich heimführen möchte, ist edler, reicher und schöner, als ihr jemals eine gesehen habt!› Sie lachten über ihn. Er hatte dies aber nicht aus sich selbst, sondern aus göttlicher Eingebung gesagt. Denn seine Braut war die wahre Gottesverehrung: der wollte er sich ergeben, und sie war edler, reicher und schöner durch ihre Armut als jede andere Frau.»

In der teils 1246, teils zwischen 1266 und 1271 redigierten «Legenda antiqua» oder dem «Speculum» wird die

Armut selbst als die «Braut» des Franziskus bezeichnet. «Wie der heilige Franz für seine Braut, die evangelische Armut, kämpfen mußte», unter diesem Titel sind die Episoden vereinigt, die den Ordensgründer im Ringen um die reine und unverkürzte Verwirklichung seiner Idee des geistlichen Lebens zeigen. Aus dem Hauptattribut der «wahren Gottesverehrung» wird so ihr eigentlicher Inhalt, die Armut gibt allem Denken, Trachten und Tun ihr Gesetz.

Wie die Weisung, nichts mitzunehmen auf den Weg, verrät auch das Bild der Braut, daß die Sprache der Franziskus-Legenden – und das ist ihr gemeinsam mit dem Stil fast aller mittelalterlichen Heiligen-Biographien – von biblischen Reminiszenzen geprägt ist. Besonders aufschlußreich tritt das hervor im Bericht von dem Provinzobern, der den «Poverello» – denn diesen Namen des «lieben Armen» trägt nun eben Franziskus – um Belehrung darüber bittet, wie das «Ihr sollt nichts mitnehmen» (wir würden sagen:) «konkret» zu verstehen sei. «Der selige Franz erwiderte ihm: ‹Ich verstehe es so, daß die Brüder nichts besitzen dürfen als ein Gewand mit Gürtel und Beinkleid, wie die Regel sagt, und wenn die Not dazu zwingt, dürfen sie Schuhe tragen.› Da sagte der Provinzobere zu ihm: ‹Was soll ich nun aber tun? Denn ich habe so viele Bücher, daß sie mehr als fünfzig Pfund Silber wert sind.› Das sagte er, weil er sie mit gutem Gewissen zu behalten wünschte; denn es beunruhigte ihn im Gewissen, daß er so viele Bücher besitze, wo doch der selige Franz das Kapitel der Armut so streng verstand. Der selige Franz sprach zu ihm: ‹Bruder, ich will nicht und ich darf nicht und ich kann nicht gegen mein Gewissen und gegen die Vollkommenheit des heiligen Evangeliums handeln, die wir gelobt haben.› Als der Provinzobere das hörte, ward er traurig.» So endet die Geschichte ganz ähnlich wie die Erzählung vom reichen Jüngling (Mt 19, 21–22): «Jesus antwortete ihm: ‹Wenn du vollkommen sein willst, geh, verkauf deinen Besitz und gib das Geld den Armen; so wirst du einen Schatz im Himmel haben; dann komm und folge mir nach.› Als der junge Mann das hörte, ging er traurig weg; denn er hatte ein großes Vermögen.»

An einer anderen Stelle wird erzählt, wie ein junger Ordensbruder den Heiligen um die Erlaubnis bat, einen Psalter zu besitzen. Dreimal trägt er diese Bitte vor; zweimal weist Franziskus ihn ab, das drittemal gibt er nach, aber nur, um die Einwilligung sogleich – und unter schweren Selbstvorwürfen wegen dieses Verstoßes gegen das Gebot der evangelischen Armut – zu widerrufen. Aufschlußreich ist aber die Begründung, mit der Franziskus seine Erlaubnis verweigert: «Wenn du erst einmal den Psalter hast, wird es dich gelüsten, auch ein ganzes Brevier zu haben; und hast du ein Brevier, so wirst du bald auf dem Katheder sitzen wollen wie ein gewichtiger geistlicher Herr und wirst deinem Bruder sagen: ‹Hole mir mein Brevier!›»

So geht die Absage an irdisches Gut über den materiellen Besitz weit hinaus. Auch hinter dem Verzicht auf Bücher und auf Gelehrsamkeit steht ein Wort der Bibel, die Mahnung des Paulus im Ersten Korintherbrief (8, 1): «Die Erkenntnis macht hochmütig, die Liebe dagegen baut auf.» Manche Reden, die von Franziskus überliefert sind, muten wie Variationen zu diesen Sätzen an. «Ich sage euch, meine Brüder, jene, die sich vom Ehrgeiz des Wissens führen lassen, werden am Tag der Heimsuchung ihre Hände leer finden… Viele sind geneigt, vermeintlich wegen des größeren Nutzens für die Mitmenschen, ihre wahre Berufung, nämlich die reine religiöse Einfalt, Gebet und Innerlichkeit mitsamt der Armut, unserer Herrin, zurückzustellen. Dabei meinen sie noch, sie kämen durch Schriftverständnis zur Vertiefung der Frömmigkeit und Gottesliebe; in Wirklichkeit werden sie auf solche Weise nur kalt und leer.»

Einfalt, Gebet und Innerlichkeit: bei solchen Begriffen liegt ein Ansatzpunkt für die verklärende Darstellung des Franz von Assisi als einer engelhaft reinen, sanft- und demütigen, schlicht-frommen Seele, eines bis zur Harmlosigkeit unkomplizierten, nur eben «durch und durch» – um nicht zu sagen «für und für» – religiösen Gemüts. In Wirklichkeit sind es polemische Begriffe. Man muß sich die ganze Heftigkeit zu vergegenwärtigen suchen, mit der Franziskus gegen die Anfänge einer intellektuellen Ausrichtung seines Ordens aufgetreten ist. Es wird berichtet, wie er im Jahr 1220 nach Bologna kam und erfuhr, daß die dortigen Brüder ein «Studienhaus» bewohnten. Er betrat es gar nicht erst. Er kehrte bei den Dominikanern ein – die Gelehrsamkeit des Predigerordens störte ihn nicht – und gab von da aus Befehl, daß die Brüder, einschließlich der Kranken, die von ihnen gepflegt wurden, das Haus augenblicklich räumten. Der Provinzialminister, bezeichnenderweise ein ehemaliger Rechtslehrer, widersetzte sich. Franziskus verfluchte ihn. «Da aber Bruder Pietro in der Welt einen großen Ruf hatte und wegen seines Wissens bei den Oberen nicht wenig beliebt war, baten die Brüder den Heiligen gegen Ende seines Lebens, er möchte einem so bedeutenden Mann, den er verflucht habe, Gnade erweisen und ihm wieder seinen Segen geben. Er aber gab zur Antwort: ‹Meine Söhne, ich kann den nicht segnen, dem der Herr flucht, und so bleibt er verflucht.›»

Der Radikalismus, der hier zum Ausdruck kommt, hat den Heiligen dazu geführt, im selben Jahr 1220 – also nur ein Jahrzehnt nach der Zulassung der Gemeinschaft durch Innozenz III. – die offizielle Leitung des Ordens niederzulegen. Die Entwicklung, gleichzeitig und übereinstimmend, eines theologischen und eines kirchlichen Stils in seiner rasch wachsenden Anhängerschaft widersprach seinem innersten Willen; da er sie nicht aufhalten konnte, zog er sich zurück. Vor einem Ordenskapitel in Portiuncula erklärte er aber: «Von keinem anderen Weg und von keiner Lebensform sollt ihr mir reden als von der, die mir der Herr in seiner Barmherzigkeit gezeigt und geschenkt hat. Der Herr hat mir gesagt, ich solle auf meine Weise ein Tor für diese Welt sein. Er hat uns keinen andern Weg führen wollen als den Weg *dieser* ‹Wissenschaft›. Mit *eurer* Wissenschaft und Weisheit aber wird Gott euch zuschanden machen, und ich erwarte zuversichtlich die Vögte und Sendboten des Herrn, durch die Er euch züchtigen wird.» Die Zuhörer seien betroffen gewesen, so wird berichtet; das kann man verstehen.

Man sieht aber auch, welcher Art der Radikalismus des Heiligen war; nämlich daß er mystischer Art war. Das Wissen des Weges stammt aus der Gottesbegegnung, aus ihr allein. Die Gottesbegegnung, das Einswerden mit Christus – bis zum vierzigtägigen Fasten, bis zu den Wundertaten, bis zum Empfang der Wundmale auf dem Berg Alverna – ist die einzige Quelle der Erkenntnis, die zugleich Heiligung ist. Menschenweisheit stellt sich nur dazwischen; jede Deutung des Evangeliums stört die Versenkung, die Selbst-Übereignung in seine strenge, ausschließende Wahrheit. Darum ist das Himmelreich den Armen, den nicht nur Besitzlosen, sondern auch Unverbildeten, Ungelehrten verheißen. Die Armut: «Wer zu ihrer Höhe gelangen will, muß nicht nur der weltlichen Klugheit, sondern in einem gewissen Sinn auch der Wissenschaft den Abschied geben, um, auch solchen Besitzes ledig, die Kraft Gottes zu erfahren und sich nackt in die Arme Christi zu legen. Durchaus keine wahre Befreiung vom Geist der Welt ist es, wenn einer die Besitztümer seines eigenen Denkens im Schrein seines Herzens verwahren und für sich behalten möchte.» So gibt Bonaventura in seiner zwischen 1260 und 1265 entstandenen Biographie eine Rede des Heiligen wieder. Selbst war er Generalminister der Franziskaner – und einer der gelehrtesten Männer seiner Generation. Daß er den Ordensgründer sagen läßt, es gelte «in einem gewissen Sinn» der Wissenschaft zu entsagen, deutet einen eigenen Vorbehalt an; Franziskus hätte sich wohl entschiedener ausgedrückt.

Sein Radikalismus der mystischen Gott-Unmittelbarkeit hat noch eine andere Form gefunden; fast könnte man sagen: noch eine Formfeindlichkeit. Sie spricht sich am schärfsten aus in dem Testament, das er in seinem Todesjahr 1226 verfaßt hat. Darin steht: «Im Namen des Gehorsams befehle ich nachdrücklich allen Brüdern, sie seien wo immer, daß sie sich nicht unterstehen, irgendein Privileg bei der römischen Kurie zu erbitten, weder selbst noch durch Mittelspersonen, weder für eine Kirche noch für einen anderen Ort, weder unter dem Vorwand der Predigt noch um äußerer Verfolgung zu entgehen; vielmehr, wo man sie nicht aufnimmt, sollen sie in ein anderes Land fliehen, um mit dem Segen Gottes die Wandlung der Herzen herbeizuführen.» Denn auch hier sollen die Sendungsworte Jesu rein befolgt werden (Mt 10, 14): «Wenn man euch aber in einem Haus oder in einer Stadt nicht aufnimmt und eure Worte nicht hören will, geht weg und schüttelt den Staub von euren Füßen.» Gott allein soll darüber entscheiden, wo die Botschaft gehört – wer gerettet werde. In der praktischen Konsequenz ergäbe sich daraus aber eine Ordenspolitik, die innerhalb der Kirche ihren eigenen Weg ginge; weltlich gesprochen, und unbeschadet der Überzeugung, daß es Gottes Weg sei.

Daher wird man in der Förderung der franziskanischen Gemeinschaft durch die kirchliche Obrigkeit – eine Förderung, die dem Heiligen und seinen Plänen, seiner Gründung rasch und ohne Umstände zuteil geworden ist – auch von Anfang an das Bestreben erkennen, die Bewegung, die da in Gang kam, unter Kontrolle zu halten. Nicht daß sich Franziskus solcher Kontrolle hätte entziehen wollen. Als sich sein Vater gegen das Ausbrechen des Sohnes in die Askese zur Wehr setzte, weigerte sich der junge Rebell zwar, einer weltlichen Instanz über sein – wie man heute sagen würde – unbürgerliches Verhalten Rechenschaft zu geben. Aber dem Bischof stellte er sich, die geistliche Autorität erkannte er an, vor ihr vollzog er den endgültigen Bruch mit seiner Familie, entledigte sich seines Besitzes, einschließlich der Kleider, und trat in einen neuen, der Sache nach mönchischen Stand. Im Traum hatte ihn Christus ermahnt, seine Kirche zu stützen: das bezog sich zunächst auf ein zerfallendes Gotteshaus der Umgebung, darüber hinaus aber auf *die Kirche;* als Dienst an ihr hat Franziskus sein Tun und das seiner Anhänger ohne Zweifel begriffen.

*

Doch dahinter stand ein Erneuerungsgedanke, von dem man nicht ebenso zweifelsfrei annehmen konnte, daß er mit dem Selbstverständnis der Kirche übereinstimme. Erneuerung, nicht Reform. Das Ordenswesen, das Mönchtum war immer wieder zu früherer Strenge zurückgerufen worden; von Reformern eben, die den bisherigen Rahmen ihrer Institution nicht etwa sprengen, sondern im Gegenteil wieder verstärken wollten. Nun griff gewiß auch Franziskus zurück: auf das Evangelium, und mit einem Nachdruck, der schon etwas von dem «sola scriptura» des Protestantismus vorwegnahm. Aber konnte man sicher sein, daß sein Rückgriff nicht gleichzeitig ein Übergriff war – ein Griff über die Selbstbegrenzung des geistlichen Lebens seiner Zeit hinaus?

Man muß daran denken, daß eben damals die Lehren des Joachim von Fiore im Umlauf waren. Der kalabresische Mönch war mit einer Deutung der Weltgeschichte hervorgetreten, die teilweise von der Traum-Auslegung des Propheten Daniel inspiriert war. Dieser Text (Daniel 3, 31–45), der die Aufeinanderfolge von vier Weltreichen und den Anbruch des letzten, des Gottesreichs, erklärt, ist zusammen mit der Offenbarung des Johannes die Grundlage der meisten mittelalterlichen Weissagungen und Zukunftsspekulationen. Joachim hat aber sein eigenes System entworfen, das die Geschichte in drei Hauptzeitalter aufteilt. Jedes von ihnen dauert 42 Generationen. Das erste ist dem Alten, das zweite dem Neuen Testament zugeordnet. Ihre Entsprechungen lassen gewisse Schlüsse auf den Verlauf des dritten, künftigen, zu. Wie das erste im Zeichen des Vaters, das zweite in dem des Sohnes stand, so wird das dritte ein Zeitalter des Geistes, und der «Geistkirche», sein. Seinen Anbruch wird das Kommen einer «neuen Ordnung» bezeichnen: diesen Hinweis Joachims hat man – was dem Wortlaut nach möglich ist – auf das Kommen eines neuen *Ordens* gedeutet.

Und nun ist es im höchsten Maß aufschlußreich, daß jene Rede des Franziskus, in der er vor seinen Brüdern er-klärt, der Herr habe ihn «zu einem Toren für diese Welt» bestimmt – daß diese Rede in zwei Fassungen überliefert ist und daß Franziskus nach der zweiten gesagt hätte, der Herr habe ihn als «einen neuen Bund» ausersehen. Damit ist dem Heiligen in den Mund gelegt, daß er sich selber im Licht der Prophezeiung Joachims sieht: Gott hat den Alten Bund mit Israel, den Neuen Bund mit Jesus Christus geschlossen, und mit der Berufung des Franziskus hat er die dritte und letzte Epoche, eben die der Geistkirche, anbrechen lassen. Textkritisch gesprochen ist das die weniger glaubwürdige Lesart der Rede; sie zeigt aber, welche Erwartungen an Franziskus und an seinen Orden herangetragen worden sind – und daß diese Erwartungen auch unter den Franziskanern selbst gepflegt wurden.

Von da aus wird anderseits die Tendenz der Kurie verständlich, den Orden nicht allzusehr dem Zug ins radikal Neuartige zu überlassen, der ihn als Vorkämpfer einer nicht nur verbesserten, sondern geradezu verwandelten Kirche hätte ausweisen können. Und auch diese Tendenz ist in der weiteren Anhängerschaft des Franziskus selbst zur Geltung gekommen. Man darf die Opposition gegen den Gründer und gegen seine fast unmenschlich strengen Forderungen nicht nur als Ausdruck mangelnder Bereitschaft zu Verzicht und Askese interpretieren. Ein sicherlich großer Teil der Ordensangehörigen strebte danach, sich nicht ganz von gegebenen Mustern, von vergleichbaren Ordnungen abdrängen zu lassen in eine Einzigartigkeit, die jener von Franziskus so eindringlich gepredigten Demut noch weit gefährlicher werden konnte als ein wenig Gelehrsamkeit. Ohne Zweifel haben diese, wenn man so will, gemäßigten Brüder die visionäre Erwartung einer neuen Zeit nicht geteilt, haben vielleicht auch Kaiser Friedrich II. nicht für den Antichrist gehalten und den Anbruch des Tausendjährigen Reichs nicht zum Greifen nahe vor sich gesehen. Und gewiß waren sie, wenn man – von solchen Zeiterscheinungen nun abgesehen – das Poverello-Ideal über alles stellt, Verräter an der reinen Verwirklichung der evangelischen Armut. Sie haben aber damit doch nur den Preis gezahlt, der immer wieder gezahlt wird für die sichtbare Kirche – in der die Verwirklichungen nun einmal nicht rein sind. Die radikalen Franziskaner haben nach dem Tod des Heiligen während Jahrzehnten nicht nur für die Strenge der Regel, sondern sehr folgerichtig zugleich gegen die Institutionalisierung des geistlichen Lebens gekämpft und ihre Aufgabe in der Perspektive einer kommenden Kirche erblickt. Als «Spiritualen» gingen sie in die Geschichte ein. Der Orden überlebte in den anderen, in der Mehrheit, die sich von der Kirche ihrer Gegenwart integrieren ließ und ihr so das Erbe des Franz von Assisi, auf die Dimensionen menschlichen Vermögens reduziert, übermitteln konnte.

Es blieb ein Rest: nicht zu übermitteln, nicht zu erzwingen. Der Versuch der Spiritualen, im Namen des Franziskus an einer «Geistkirche» weiterzubauen, entfernte sich nicht nur vom Realisierbaren; er entfernte sich, da er mehr und mehr ins selbstherrlich Spekulative geriet, auch von dem Heiligen, aus dessen Leben die gehorsame Hingabe an Tag und Stunde nicht wegzudenken ist. Und von seiner Einmaligkeit entfernte sich auch die Gemeinschaft, die seinen Namen weitertrug. Dieser Einmaligkeit galt die Legendendichtung: sie sollte den Raum zwischen menschlichem Maß und dem Übermaß an Begnadung ausfüllen, das in Franziskus offenbar geworden war. Und da die Gnade nicht in Begriffen und Bildern der Tragik und der Problematik verstanden zu werden pflegt, wurde die Gestalt des Poverello bald ins glückhaft Verklärte gewendet. «Fioretti» – «Blütenlegende» – heißen die zwischen 1322 und 1328 zusammengetragenen Texte, in denen der Heilige als Menschen- und Tierfreund beständig Zeugnis ablegt von seinem weichen Herzen. Blättert man von da um ein Jahrhundert zurück zu der frühen Biographie des Thomas von Celano, der ihn noch gekannt und schon zwei Jahre nach seinem Tod eine erste Lebensbeschreibung verfaßt hat, so ermißt man den Grad einer Stilisierung, die alle Widersprüche aus der Persönlichkeit verbannt und die nazarenische Darstellung vorbereitet, deren Herrschaft in der Franziskus-Literatur noch längst nicht gebrochen ist.

*

In anderer Weise wurde der Abstand zwischen der Botschaft, dem Anspruch des Heiligen und der menschlich-kirchlichen Wirklichkeit überbrückt oder ausgefüllt durch den Mythos der Armut. Mythischen Charakter mußte die «Braut» des Poverello annehmen, wo nicht die Wahl eines einzelnen auf sie fiel – das hat sich in der Geschichte noch oft wiederholt und ist jedesmal eine reale Entscheidung für den strengen, wortwörtlichen Sinn der Nachfolge Christi gewesen –, sondern wo der Gedanke gepflegt wurde, daß sich die Kirche als Ganze zu ihr bekennen müsse. Was heißt hier «bekennen»? Daß die Kirche «für

44

die Armen» da sein solle, ist leicht gesagt und auch leicht zu verstehen und ein Stück weit realisierbar. Daß sie die Kirche *der* Armen sein solle, ist eine Forderung, die sich schon weniger leicht ins Faßliche umsetzt. Daß sie geradezu «arme Kirche» sei, diese Aussage kann vielerlei Sinn haben und bedarf der Erklärung.

Wir überspringen vieles, wenn wir an einen Augenblick in der neuesten Kirchengeschichte erinnern, da der Gedanke der evangelischen Armut in entschiedenen – und gewiss von franziskanischem Geist mitbestimmten – Formulierungen zum Ausdruck gekommen ist, nämlich in der Rede, die am 4. November 1964 Kardinal Lercaro von Bologna vor dem Zweiten Vatikanischen Konzil gehalten hat. Diese Rede bezog sich auf ein Kapitel im Entwurf zu der Konstitution «Gaudium et spes» (über die Kirche in der Welt von heute), das ungefähr den jetzigen Abschnitten 53 bis 62, vor allem 57 bis 58, entspricht.

Lercaro sagte: «Zunächst und vor allem: Die Kirche muß ihre kulturelle Armut anerkennen und – im Zusammenhang damit – nach desto größerer Armut streben. Ich rede hier nicht von materieller Armut, sondern von einer besonderen Folge der evangelischen Armut für die kirchliche Bildung. Die Kirche behütet hier Reichtümer einer vergangenen Zeit, scholastische, philosophische und theologische Systeme, akademische und pädagogische Grundsätze, Studienordnungen, die auf unseren Universitäten immer noch gelten, Forschungsmethoden usw. Sie muß, wenn es notwendig wird, auf diese Reichtümer vertrauensvoll verzichten oder nur wenig auf sie vertrauen, darf sich ihrer nicht rühmen und sich nur mit Vorsicht auf sie verlassen. Denn diese Reichtümer stellen das Licht der evangelischen Botschaft nicht immer auf den Leuchter, sondern eher unter den Scheffel: sie bilden oft ein Hindernis, sie... können die Universalität des Gesprächs der Kirche einengen... Um sich zu einem echten Dialog mit der Kultur von heute zu öffnen, muß die Kirche im Geist evangelischer Armut ihre Bildung immer beweglicher machen, sich immer mehr den wesentlichsten Reichtümern der Heiligen Schrift und des biblischen Denkens und Redens zuwenden.»

Hier ist nicht die Rede von der Überheblichkeit, in die ein einzelner verfallen kann, wenn er «meint, er sei zur Erkenntnis gelangt» (1. Kor 8, 2). Die Rede Lercaros hat, wenigstens vordergründig, nicht eine ethische, sondern eine methodische oder strategische Stoßrichtung. Die Kirche, so meint er, kommt eher zu einer Begegnung mit der «Welt von heute», wenn sie dieser Welt die historische Fracht theologisch-philosophischer Bildung – samt der Begrenztheit, die *auch* zu dem Erbe gehört – nicht aufzudrängen versucht. Sie erfüllt ihren Missionsauftrag besser, wenn sie «nichts mitnimmt auf ihren Weg». Solche Argumentation nimmt tatsächlich das Programm des Franziskus wieder auf; nicht nach der Seite individueller Heiligung, sondern nach der Seite der Verkündigung hin, die der Grundauftrag an die Apostel ist.

Kaum ein Zufall dürfte es sein, daß die Rede Lercaros dann in der Redaktion des Konziltextes keine Spur hinterlassen hat. Wie läßt sich die Bindung der Kirche an eine Kultur, die von ihr selber mitgestaltet worden ist, wieder lösen? Die bloße Rücksicht auf andere Kulturen, denen die Botschaft in möglichst unvorbelasteter Weise übermittelt werden soll, kann für sich allein nicht die Abkehr von Bildungsgehalten bewirken, die im europäischen Bereich mit der Übermittlung der Botschaft aufs engste zusammengehören. Auch andere Religionen stehen – und manche noch mehr als das Christentum – in einem geistig-gesellschaftlichen Kontext, bleiben freilich auch durch ihn begrenzt. Der christliche Missionsauftrag fordert zwar, daß die Verkündigung vor keinen Grenzen haltmache, schon gar nicht vor den eigenen... Aber wie weit ist die Weisung, «nichts mitzunehmen», realisierbar, wo doch schließlich schon die Sprache, in der verkündigt wird und verkündet *ist*, ein Stück kulturelles Erbe bedeutet?

Solche Einwände spiegeln noch einmal den Widerstand der Kirche gegen den Radikalismus des Armutsgebots. Sie werden dem tiefsten – und einfachsten – Sinn dieses Gebots nicht gerecht; aber sie sind berechtigt. Sie drängen die Forderung der Selbstpreisgabe auf den einzelnen ab, der sie erfüllen und darüber heilig werden mag. Die Kirche, als Institution wie als geistiges System, kann nicht sich selber preisgeben. Sie kann nur die Forderung weiterleben lassen: im Mythos der Armut.

DRITTES KAPITEL

Mystik und Geschichtlichkeit – Meister Eckhart

Der Versuch, Gedanken über die Geschichte mit einer mystischen Haltung in Zusammenhang zu bringen, könnte bei Hugo von St. Viktor ansetzen: nicht nur weil die Wirkung dieses großen Theologen auf Otto von Freisings historische Konzeption, auf das franziskanische Geschichtsdenken, auf Bonaventura in ihrer Kraft wohl nur mit derjenigen Augustins zu vergleichen ist; sondern auch weil bei ihm selbst sich eine Verbindung zwischen der mystisch-theologischen Frage nach dem Heil und der Aufmerksamkeit für die Geschichte der Menschen erkennen läßt. Aus seiner zunächst «historischen», dann allegorisch geweiteten Bibeldeutung gewinnt er ein theologisches Gesamtbild vom Ablauf der Weltgeschichte, und aus diesem Bild kann wiederum die Chronistik ihre Periodisierung gewinnen.

Auch Bonaventura geht von der Betrachtung der Heiligen Schrift aus, um zu einer Gesamtschau der Historie zu gelangen. Aus Gliederung und Dauer der erzählten und vorausgesagten Geschichte vom Weltbeginn bis zum Jüngsten Gericht läßt sich eine Drei-Zeiten-Lehre so gut wie die Annahme von sechs Weltaltern – nach den Schöpfungstagen – oder von andern «Unterscheidungen und Entsprechungen» ableiten; immer muß sich dabei das Geschehene mit dem Bevorstehenden zu einer Einheit, zum Ganzen fügen. Die Teile dieser Einheit sind aber Stufen zur Höhe des Geistlebens, wie sie Joachim von Fiore vor Augen hatte. Nur schaltet Bonaventura, Joachims Schema erweiternd, zwischen die Zeit des Gesetzes, die dem Bund des Alten Testaments entsprochen hat, und die Zeit der Gnade, die der Christus-Herrschaft entsprechen wird, eine Zwischenphase, eine Zeit der Prophetie; und zwar deshalb, weil «der Übergang vom Zeitlichen zum Geistlichen nicht leicht» sei. Er paßt also durch diesen Zusatz die Geschichte der innern Entwicklung des Menschen an, der Bewältigung seines Lebenswegs, der ein Weg zu Gott ist.

Wenn aber die geschichtliche Welt für den Menschen eine Stufenleiter ist, die ihn zu Gott und damit aus den Bedingtheiten seiner «historischen» Person hinausführt – erfüllt sich dann seine Bestimmung noch in den zugemessenen Lebens- und Weltperioden oder vielmehr gerade in der Aufhebung der gegliederten Zeit? Ist der «Übergang vom Zeitlichen zum Geistlichen» eingeordnet in die fortschreitende Verwirklichung der Geschichte oder ist er der Schritt über sie hinaus? Bonaventura hat sich eine Erziehung des Menschen vorgestellt, der zuerst seiner Ohnmacht innewird, dann die vorbereitenden Zeugnisse der Propheten empfängt, endlich das Erscheinen Christi erfährt. Durch Christus bricht die Zeit der Gnade an, in der die Verheißungen wahr werden; durch sein Erscheinen werden «die Zeiten erfüllt», nicht weil an diesem Tag die Zeit zu Ende ginge, sondern weil die «temporalia mysteria», die unergründeten Geheimnisse der Geschichte, dann ihre Lösung finden. So vollzieht sich das Heilsgeschehen zwar in der Zeit, doch es verwandelt sie auch: aus der Zeit der Erwartung wird die Fülle der Zeiten.

*

Ein dritter Denker, Dietrich von Freiberg, ist hier zu nennen. Er geht von dem Zeitbegriff aus, der für das Mittelalter von Aristoteles her in Geltung stand: Zeit als ein Maß, das der Mensch der Bewegung der Himmelskörper entnimmt; aus dem räumlich sichtbaren Wechsel erschließt unsere Vorstellung eine meßbare Dauer. Mit dieser aristotelischen Grunderkenntnis verbindet Dietrich aber eine neuplatonische Grundkonzeption: Wenn das Zeiterlebnis dadurch zustande kommt, daß wir uns in ein «teilbares Sein» versetzt sehen, so ist die zunächst erkenntnistheoretisch festgestellte Subjektivität – Willkürlichkeit – des Messens oder Zählens eben darin begründet, daß alle Zahl in ihrem Wesen Eins ist, daß das Seiende in seiner Mehrzahl und Zerteiltheit einen Abfall von dem Einen darstellt und daß die Zahlen, als vielfache und teilbare, von diesem seinem Defizit bestimmt sind. Daher kann Dietrich nun eine Rangordnung der Seinsweisen nach ihrem Bezug zu den Zeit-Dimensionen – Vergangenheit, Gegenwart, Zukunft – oder nach der Art ihrer Gegenwärtigkeit aufstellen und auf der höchsten Stufe die drei Zeitformen in einer ewigen Gegenwärtigkeit vereinigt finden; auf einer tieferen Stufe ist das Seiende auf Vergangenes und Künftiges nur bezogen, sofern es das eine verloren, das andere noch nicht gefunden hat: das Seiende demnach in seiner «zeitlichen», geschichtlichen Verfassung.

Dietrich von Freiberg erweist sich so als Vermittler zwischen Gedanken der Spätantike (der Neuplatoniker Proclus war sein großer Gewährsmann) und der Mystik des Spätmittelalters. Die Seele des Menschen erscheint ihm als eine «substantia spiritualis», ein Geistwesen, das sich aus seinem dauernd gegenwärtigen Sein heraus in ein zeitliches Leben einläßt. Der Zeitbereich aber gliedert sich nach Vergangenheit und Zukunft hin auf, und was in ihm ist, das *ist* niemals, sondern *wird* immer nur und bewegt sich mit der Zeit, die es mißt, dahin. So gibt es in der Zeit kein gleichzeitiges Ganzes; das in ihr Seiende ist nach ihren Richtungen hin zerteilt, ist ausgedehnt mit ihr; und so besteht sein Sein in Nichtsein, denn das Werdende ist nicht das, was es wird. Jede Einzelseele («substantia spiritualis individua») vermag, so oft sie will, in dieses Werden herabzusteigen und sich wieder in das Seiende zu erheben; und sie hält ihre Einkehr in das Zeitliche immer als Ganzes. Umgekehrt ist das zeitliche Leben stets Abfall vom Sein und Rückweg in das Sein.

*

«Die Natur», sagt Meister Eckhart, «läßt das Kind zum Mann und das Ei zum Huhn werden, aber Gott macht den Mann vor dem Kind und das Huhn vor dem Ei.» Das göttliche Hervorbringen oder die Emanation (Eckhart verwendet gelegentlich diesen neuplatonischen Begriff) widerspricht der tieferen, starren Ordnung der Zeit, die das Seiende von dem Ursprung trennt: «denn Gott ist nichts so sehr zuwider wie die Zeit»; daher die Spannung zwischen überzeitlicher Herkunft und zeitlichem Leben: die Spannung, in der sich die menschliche Seele hält – «sie hat in ihrem Höchsten und Lautersten nichts mit der Zeit zu tun», sie gehört einer Ordnung an, die der Zeit und so zugleich den Gesetzen der Kausalität entrückt ist; denn «alle Dinge, die in der Zeit sind, haben ein Warum». Die Zeit – als subjektives Maß, als ein Nichtseiendes – trennt von dem Einen, vom Sein, von Gott. Seiend ist nur die eine, unmeßbare Gegenwart; Gott, als in sich selbst verharrender Anfang aller Dinge, macht alles «neu», denn neu ist, was seinem Anfang nahe ist, neu aber auch, was in dem

Sein ist, das weder Vergangenheit kennt noch Zukunft, «nicht in der Zeit ist, sondern außer der Zeit; denn die Zeit macht alt, wie der Philosoph (Aristoteles) sagt».

«Got wirt und entwirt», sagt Meister Eckhart in einer Predigt. Gott, in seinem Wirken und in seiner Gegenwart, wird von der Seele in der Welt erfahren, von der Seele, die aus der Tiefe der Gottheit «ausfließt» und wiederum in sie eingeht, die nur in diesem Draußen ihrer selbst, ihrer Herkunft und ihres Ziels bewußt und auf ihr Wesen und Tun hin befragbar ist. In der Geschichte wird die Gottheit zu Gott, zu dem festen Gegenüber, das die Seele «durchbrechen» muß, um in den eigenen Ursprung zurückzukehren. Als Geschichte erfahren, ist Gott doch nicht in der Zeit, ihr nicht unterworfen. Und seine Menschwerdung, die Geburt Christi, vollzieht sich zwar in der Zeitlichkeit, ist aber nicht als einmaliges Ereignis begriffen. Christus war da, noch ehe Johannes der Täufer auf ihn vorausdeutete. «Immer wird er geboren, immer ist er geboren»; der Vorgang fällt der Vergangenheit niemals anheim. Christus wird nicht zur historischen Person, er ist «eher im Vater als von dem Vater», er lebt als sein Bild, und so wie der Sohn sich vom Vater *noch nicht* unterscheidet, so strebt die Seele – in die ja Christus geboren wird und geboren ist – zurück ins *nicht mehr* Unterschiedene, aus der Vielheit der Dinge zum Sein, zum Einen, zu Gott.

In der Erschaffung jener Vielheit aus der Einheit der Emanation heraus konstituiert sich das Unterschiedene und von Gott Getrennte: ««Alles», das bedeutet Zerteilung und Zahl, deshalb schließt dieses ‹Alles› weder den Sohn noch den Heiligen Geist noch sonst etwas Göttliches ein.» Wohl wird Gott aus diesen seinen äußeren Werken erkannt, aber nur mittelbar, denn sie liegen fern von ihm im

Bereich des Unterschiedenen. Aus solcher Ferne, aus der Entfremdung von Gott wächst die Seele in die «Abgeschiedenheit» (von der Welt), in die Freiheit, zum Bilde Gottes: «denn der gleicht sich Gott an, der keinem Geschaffenen gleicht, der alles verläßt und der auf dem Berge mit Christus verklärt wird». So erst kommt die Seele in das Sein, so nur ist auszulegen, was geschrieben steht: «Er hat alles geschaffen, daß es im Wesen sein sollte.»

*

Bonaventura sprach von der Ankunft des Sohnes in der «Fülle der Zeiten», die nicht das Ende der Zeit, sondern die Erfüllung der «mysteria temporalia» ist – in der eine Spannung sich löst oder ein Rätsel gelöst wird, dargestellt oder aufgegeben von der irdischen Zeit; und zwar in dem einen bestimmten Augenblick, da die Welt, die Menschheit reif ist für die Gegenwart Christi. Eckhart ordnet die Geburt des Sohnes nicht in die Welt-Geschichte ein; aber auch für ihn ist sie der Berührungspunkt von ewigem Sein und Zeitlichkeit; vielmehr, sie wird dies nun im tiefsten und genauesten Sinn. Die Menschwerdung Gottes vollzieht sich in der Zeitlichkeit, denn in ihr wird sie erfahren. Doch sie ereignet sich nicht in einem bestimmten Augenblick, sondern in jedem, oder eher: das Zeitliche, das sie aufnimmt, ist nicht mehr nur Augenblick, sondern in einem damit auch Ewigkeit, ist also nicht mehr ins Teil- und Meßbare einzuordnen: es geht im Einen auf und ist so zugleich das Aufgehen der Seele in Gott, die Vollendung ihres Weges, die aber darum kein zeitliches Ende ist. Auch Eckhart nennt dies, wie Bonaventura, Fülle der Zeit.

«Die Tage, die vor einer Woche waren, und die Tage,

die seit sechstausend Jahren vergangen sind, liegen nicht weiter zurück als der gestrige Tag. Warum? Weil die Zeit in einem gegenwärtigen Nu ist. An Gottes Tag steht die Seele im Tag der Ewigkeit, in einem wesentlichen Nu, und der Vater gebiert seinen eingeborenen Sohn in einem gegenwärtigen Nu, und die Seele wird wieder in Gott geboren.» Was die spätere Mystik als Absage an das Zeitliche, als Aufruf zu seiner Überwindung aus ältester Überlieferung weiterentwickelt, ist hier tiefer und einmalig gefaßt: als Erfüllung der Zeit im Nu, das heißt weder in noch außer der Zeit, sondern in ihrer eigentlichsten Form, in der vollkommenen Versammlung ihrer Bezüge, im Einswerden des Zerteilten und Trennenden, das sie für das irdische Leben der Seele ist. Die Zeit in dem für Eckhart herkömmlichen Sinn von Maß und Zahl ist darin aufgehoben, gleich wie der festgelegte, vereinzelte Standort im Raum: «Gott sandte seinen Sohn in der Fülle der Zeit der Seele, da sie alle Zeit überwunden hat. Wenn die Seele der Zeit und des Ortes ledig ist, dann sendet der Vater seinen Sohn in die Seele.» Solches Ledigwerden bedeutet dennoch kein Versinken der Zeit; die Seele läßt den Bereich der Dinge und der Zeit nicht unter sich zurück, sondern sie erfährt deren Einigung, da sie selbst sich mit Gott vereinigt. «Da gibt es kein Vor- und kein Nachher, alles ist gegenwärtig, und in dieser gegenwärtigen Schau habe ich alles besessen. Das ist Fülle der Zeit, und da bin ich am Ziel und bin in Wahrheit der einzige Sohn und Christus.»

Die Betrachtung der Geschichte findet in der überlieferten Vergangenheit, in der erlebten Gegenwart, in der geahnten Zukunft genügenden Anhalt zu festen Vorstellungen vom Gesamtablauf und von den Gesetzen der Weltentwicklung. Sie bedarf in diesem Suchen der Vertiefung in das Wesen der Zeit, der Konzentration auf die Struktur der zeitlichen Existenz nicht. Anderseits kann eine Philosophie der Zeit, die von physikalischen Erwägungen ausgeht und es auf eine Abgrenzung des Zeitbereichs gegenüber einer metaphysischen Wirklichkeit abgesehen hat, das Geschehen, das sich diesseits jener Grenze hält, außer acht lassen. Die Geschichtsspekulation und die mystische Deutung der Zeit erheben sich über verschiedenen Grundlagen, und nur selten berühren sich ihre Spitzen. Nämlich da, wo die allgemeine Vorstellung einer gegliederten und am Ende sich aufhebenden Folge der Zeiten zu einer Lehre von der innerweltlichen Vollendung des Menschengeschlechts und des Menschenlebens heraufgeführt wird; und wo die oft variierte Vorstellung von dem Weg, dem Rückweg der Seele aus dem Trennenden von Zeit und Welt in das Eine zu einer Lehre vom Zusammenfallen der Zeit in dem Nu, in «der Seele Tag und Gottes Tag», der Geburt Christi, der Erlösung zugespitzt wird. Was die in ihrer Herkunft getrennten Bemühungen auf ihrer Höhe zusammenbringt, ist die Ausrichtung auf das Heilsgeschehen, auf die gnadenhafte Begegnung des Ewigen im Zeitlichen, die Verwirklichung des einen im andern. Von einer Geschichtstheologie her ist die Aktualisierung des Überzeitlichen im Geschehen der Welt, von einer mystischen Ontologie her das Aufgehen des Irdischen im überzeitlichen Geschehen der nähere Gedanke. Aber in beiden ist dasselbe gedacht; für beide schafft die Zeit Stufung und Unterscheidung, Ferne und Nähe des Ziels, ist sie das Maß des Vergänglichen und die Schwelle zur Erneuerung. «Nimm die Zeit weg, und der Abend ist der Morgen.»

—

VIERTES KAPITEL

Zeitliche Wiederkehr – Dante

In dem Brief, den Dante wohl im Herbst 1310 an die Könige Italiens, an die Senatoren Roms, an alle Fürsten und Völker richtete, um das Kommen Heinrichs VII., des neuen Kaisers, triumphierend zu verkünden, klingen prophetische Töne an, wie sie das italienische dreizehnte Jahrhundert erfüllt hatten, Ausdruck höchster Erwartung, genährt vom Glauben an ein neues und letztes Reich, an den dritten und höchsten «status» der Welt, den zuerst die Geschichtstheologie Joachims von Fiore vorausgesagt und der sich in späteren Spekulationen mit ältesten eschatologischen Vorstellungen verbunden hat. Dennoch ist es nicht Ende, nicht abschließende Erhöhung, was Dante bevorstehen sieht, sondern Wiederkehr: Wiederkehr des glücklichen Zustands, der «Saturnia regna», des Friedens, der unter Augustus und Christus bestand, der Befreiung, die der babylonischen Gefangenschaft, der ägyptischen Fron gefolgt war, Wiederholung des einst schon Verwirklichten, einst schon Vollkommnen.

*

Das «Inferno» ist das Reich der Erinnerung; die ihm angehören, finden im Bericht von ihrem Leben, ihrem sündigen Tun einen düsteren Trost. Aber zugleich ist ihr Aufenthalt auf die weiterfließende Zeit bezogen; sie geben dem Lebenden, dem Besucher, Aufträge mit an die Welt, die sie verlassen mußten; es ist ihnen am Ruhm, am Fortleben im Gedächtnis der Menschen gelegen. Und: sie wissen, was die irdische Zeit bringen wird. Vergangenes und Künftiges zeigt sich ihnen; aber die Gegenwart kennen sie nicht. Im zehnten Gesang erklärt Farinata dem Frager diese Weit- und Halbsichtigkeit der Verdammten.

> «Wir sehn», sprach er, «in einem Dämmerlicht
> die Dinge nur solang sie ferne sind,
> denn so weit reicht uns noch der Glanz des Höchsten.
> Sobald sie näher kommen oder da sind,
> verliert sich unsre Einsicht ganz. Wir wissen
> von eurem Zustand nichts, als was wir hören
> durch andre; daraus magst du sehn, wie ganz,
> sobald das Tor der Zukunft sich verschließt,
> im Kreis des Heute unser Wissen stirbt.»

Der so beschränkte Ausblick verrät, daß die Bewohner der Hölle sich auch mit ihren Weissagungen nicht über die Zeit und aus den Weltbezügen erheben. Und so ist es denn auch ein anderes, höheres Zeitverhältnis, das Dante mit der wahren Hell- und Allsicht verbunden findet. Im Paradies begegnet er dem Ahnherrn Cacciaguida, der ihm den Weg ins Künftige weist; und er spricht zu ihm, im siebzehnten Gesang:

> «Mein teurer Ahn, in deiner Höhe schaust du
> (so sicher wie wir Menschen sehn, daß nie
> zwei stumpfe Winkel in ein Dreieck passen)
> Ereignisse, noch eh sie wirklich sind,
> indem du dich in jenen Punkt versenkst,
> wo alle Zeiten stehn als Gegenwart.»

Was den Verdammten die verhängnisvolle Lücke war: die Gegenwart, wird hier zum Sammelpunkt aller erkannten Zeiten; sie ist nicht mehr Durchgangsort zwischen gewußter Vergangenheit und geahnter Zukunft, sondern sie hat die Vergangenheit wie die Zukunft in sich aufgenommen, und in ihr nimmt der Selige teil an dem «tota simul» der Ewigkeit Gottes. Solche Zeiterkenntnis setzt sich dem Vorwurf nicht aus, den Thomas von Aquin mit einem Wort der Apostelgeschichte gegen Joachims Lehre erhoben hatte: «Es gebührt euch nicht, zu wissen Zeit oder Stunde...» Vielmehr weiß sie sich einig mit dem Satz der «Summa»: «Das Künftige aber, wie es an sich selbst ist, vorauszuerkennen, dies eignet der göttlichen Einsicht, für deren Ewigkeit alles gegenwärtig ist.»

*

An Geschichtsspekulation, wie das dreizehnte Jahrhundert sie kannte und liebte, erinnert in der «Divina Commedia» am ehesten Vergils Beschreibung des alten Mannes im Berge Ida auf Kreta,

> «der nach Ägypten hin den Rücken kehrt
> und sein Gesicht geradewegs auf Rom».

Die Verse im vierzehnten Gesang des «Inferno» knüpfen unmittelbar an Daniel und damit an die Weltaltertheorien an, die aus dem Buch des Propheten entwickelt wurden. In der ausdrücklichen Lokalisierung zwischen Ost und West, in dem nach Rom gerichteten Blick drückt sich konkrete irdische, nicht allgemeine Heilserwartung aus. Der Name Roms steht freilich für manches: Papsttum, imperiale Vergangenheit; Anarchie, imperiale Zukunft. Doch einen Schnittpunkt, und die entscheidende historische Wende, bezeichnet für Dante die Konstantinische Schenkung, die er im neunzehnten Gesang des «Inferno» anklagend nennt:

> «Weh, wie viel Unheil, Konstantin, erwuchs –
> nicht etwa aus der Taufe, aus der Schenkung
> des ersten Reichtums an den Heiligen Vater!»

und die er im dreiunddreißigsten Gesang des «Purgatorio» dem Sündenfall gleichsetzt. Aber man würde nun den Bezug, die Parallele, die er herstellt zwischen der Schuld am Geschick der Menschheit und der Schuld am Schicksal des Reiches, nur unvollständig begreifen, wenn man sie im Sinn einer Periodisierung der Weltgeschichte erklärte. Gerade in jenem Brief über das Kommen Heinrichs VII. und die ersehnte Wiedergeburt des Reiches spricht er es aus: daß die Vergangenheit nicht bloß Etappen und Entwicklungen zeigt und nicht nur auf den Fortgang in der Welt, auf Ende oder Neubeginn schließen läßt; daß die Geschichte in ihren entscheidenden Momenten über sich selbst hinaus weist: denn von vielem, das geschehen ist, «werden wir sehen, daß es die höchste menschliche Kraft überstiegen und daß hier Gott durch die Menschen, gleichwie durch einen neuen Himmel, etwas gewirkt hat». So vollzieht Dante den Ausgleich zwischen dem «prophetischen» und dem scholastischen Geschichtssinn: zwischen der Spekulation mit den Bezügen der menschlichen Zeit und dem Zeitverständnis, das die irdischen Begrenzungen von dem aristotelisch-thomistischen «primus motor» abhängig findet. Von dem Bereich der Erinnerung und des Vorauswissens erhebt er sich zu dem Reich der göttlichen

Vorsehung, der alles gegenwärtig ist und in die er doch die großen geschichtlichen Momente hineinragen sieht – enthoben der menschlichen Zeit in die Gegenwart der Ewigkeit, in die Wiederkehr.

*

Aus der vielfältigen Symbolik des «Paradiso terrestre» leuchtet die Formel der Verheißung hervor, die Beatrice im zweiunddreißigsten Gesang des «Purgatorio» ausspricht:

> «Nur kurze Zeit im Walde bleibst du hier
> und dann, mir nah, für immer eingebürgert
> in jenem Rom, wo Christus Römer ist.»

Ist hier ein himmlisches Rom, eine allem Menschlichen entrückte Gemeinschaft gedacht? Entrückt ist es zwar in dem Sinn des Hinausragens über «die höchste menschliche Kraft» – das aber eben im Anschauen der Vergangenheit erkannt wird. Der Bürger *dieses* Rom hat die Irrungen der Gegenwart von sich getan und bleibt doch geschichtsbezogen, durch seinen Namen nicht nur, sondern gerade auch durch die Beziehung auf Christus.

Hier fügt die politische Konzeption sich ein, welche die «Monarchia» darlegt. Der Weg zur Monarchie, zum Universalstaat geht für Dante vom Sündenfall aus; er verbindet sich notwendig dem Schicksal der Menschen; er führt zu ihrem gemeinsamen Ziel. Und so ist er schaubar in der Grundfigur von Sturz und Wiederaufstieg, Erden- und Jenseitsbezug, aber auch im Vergangenen und in der Wiederkehr. Die Weltmonarchie zeigt sich historisch im

Imperium Romanum, und historisch ist der Tod Christi, die Sühne von Adams Schuld, aus welcher Rom seine höchste Legitimierung empfing – empfangen mußte, denn Richter über Christus konnte nur sein, wer das Richteramt über die ganze Menschheit innehatte, und «wenn das römische Reich nicht von Rechtes wegen bestand, so war in Christus Adams Sünde nicht gebüßt».

Durch Konstantin dann aber, der die Kirche (wie man glaubte) in irdischen Machtbesitz gebracht, der so den Frieden gestört, die gottgewollte Ordnung zerrüttet hatte, begann noch einmal der geschichtliche Weg von der Schuld zur Sühne.

> «Rom, das die alte Welt in Ordnung brachte,
> besaß zwei Sonnen, um die beiden Wege
> der Erde und des Himmels zu erleuchten.
> Erblindet sind die Sonnen aneinander,
> in *einer* Hand sind Schwert und Hirtenstab,
> und Fluch liegt auf dem Zwang ihrer Verbindung.»

Die Anklage des Marco Lombardo – im sechzehnten Gesang des «Purgatorio» – verliert sich nicht in der Trauer um das unwiederbringliche Gleichgewicht eines idealisierten früheren Zustands; so wenig wie Dante das in Vergangenheit gesunkene Reich in die Zukunft hinübergeträumt hat. Unmittelbare Zeitkritik entspringt der Einsicht in den neuen Zwischenstand und Übergangscharakter der geschichtlichen Welt. So erhebt Folquet von Marseille im neunten Gesang des «Paradieses» den Vorwurf, daß man das Evangelium und die Kirchenväter zugunsten der juristischen, nur nächsten Zwecken dienenden Schriften verlassen habe und daß Papst und Kardinäle hier vorangegangen seien:

«um Nazareth, wo Gabriel, der Engel,
die Flügel aufschlug, kümmern sie sich nicht».

In der «Divina Commedia» wie in der «Monarchia» ist das
Historische (etwa: die Macht und ihre Handhabung) nicht
einer imaginären Welt zuliebe verleugnet, sondern als
Verwirklichung des Menschengeschicks begriffen; auf
dessen höhere Wirklichkeit muß der Blick gerichtet bleiben. Diese Vorstellung wird für Dante zur moralischen
Forderung: In dem geschichtlichen Vollzug, den sein Vers
in unnachahmlichem Bild mit dem Flügelöffnen des Erzen-
gels nennt, vernimmt er den Ruf zur Einheit, zur Abkehr
vom vereinzelten, zweckhaften Tun, zum Wiederaufstieg
ins Heile und Ganze.

———

FÜNFTES KAPITEL

Die Zeit bestehen – Karl V.

In einer Zeit, die viel von europäischer Einheit redet, wird doch selten bewußt, wo die Verbindungen und die Verklammerungen sich hergestellt haben, aus denen die Pläne, dann und wann Ansätze, zu solcher Einheit hervorgingen. Man muß aber bis auf die Teilungen des karolingischen Reichs und noch weiter auf die historischen Reminiszenzen, die ihnen wieder zugrundlagen, also bis in das Frühmittelalter zurückschauen, um den vollen Zusammenhang zu erkennen. Das alte Lotharingien: senkrecht führt es die Landkarte herunter von Groningen bis nach Nizza. Die größte Breite hat es am Nordseeufer, zwischen Dünkirchen und dem östlichsten Zipfel von Friesland; nach Süden zu engt es sich ein, an den Oberläufen der Maas und der Mosel ist es am schmalsten; und zum Mittelmeer weitet es sich von neuem, greift östlich bis Mailand, bis Parma aus. Diese zentrale Nord-Süd-Achse hat selber ein Zentrum: Burgund.

Man pflegt anhand eines radikal vereinfachten und entsprechend ebenmäßigen Stammbaums zu zeigen, wie Karl V. ohne sein Zutun einen unvergleichlichen Machtbereich in Europa gewann. Ferdinand von Aragón heiratete Isabella von Kastilien, 1469; dadurch vereinigten sich die beiden Hälften des von den Arabern endgültig befreiten Spanien. Erzherzog Maximilian, der spätere Kaiser, heiratete Maria von Burgund, die Tochter des soeben vor Nancy gefallenen Herzogs Karl, 1477; dadurch verband sich das niederländische Erbe, wenn auch nicht die an Frankreich verlorene Bourgogne, nicht Lothringen, mit den habsburgischen Titeln und Ansprüchen. Philipp, der Sohn Marias und Maximilians, heiratete Juana, die Tochter Isabellas und Ferdinands, 1496; wodurch eine spanisch-niederländisch-österreichische Anwartschaft sich zusammenfügte für den ältesten Sohn dieses Paars, für Karl, der im Jahr 1500 zur Welt kam; dazu das Reichsgebiet, wenn er Kaiser würde – er wurde es, wie man weiß. Und man weiß auch, daß er selbst Isabella, die Erbin von Portugal, heiratete, 1526; wodurch er nicht nur die iberische Halbinsel, sondern vor allem die portugiesischen mit den spanischen Kolonien in seiner Hand vereinigte: die Kolonien in Übersee, dank denen er, wie man auch weiß, Herrscher über ein Reich wurde, in dem die Sonne nicht unterging.

Man kann die Ausgangslage so darstellen; tatsächlich kann man sie gar nicht anders darstellen, denn sie war einmal so. Nur muß man sehen, wie abstrakt solche Darstellung ist. Zunächst schon erklärt sie nicht, daß es in Karls Regierungszeit unsagbar holprig zuging. Dafür gibt es zwar Gründe, einzelne und gewichtige: Spanien mit seinen Ständevertretungen habe sich einer einheitlichen Königsherrschaft nicht leicht gefügt; Deutschland, erschüttert durch die Reformation, von Glaubenskämpfen alsbald zerrissen, habe dem Kaiser die Rolle des konfessionellen Parteiführers aufgezwungen; halb Verbündete, halb aber Gegenspieler, seien die geistlichen Partner im Universalregiment, die Päpste, an Karls vielfacher Bedrängnis kräftig beteiligt gewesen; die permanente Feindschaft des Königs von Frankreich habe sich durch dessen Bündnisse mit den Protestanten im Reich, aber auch mit den Türken, zu vitaler Bedrohung gesteigert; und die italienischen Städte seien wie eh und je gefährliche Unruheherde gewesen.

Hinweise dieser Art bestätigen freilich die Vermutung, die ohnehin naheliegt: daß die dynastische Ansammlung vieler Länder kaum schon geregelte Weltverhältnisse schafft. Aber einerseits ist auch das nur eine abstrakte Einsicht; relativiert, noch dazu, durch die Überlegung, daß dem dynastischen Denken während Jahrhunderten der Geschichte Europas denn doch eine ordnende Kraft innewohnte, die nachmals durch nichts, weder durch das nationale noch durch irgendein imperiales Prinzip, hervorgebracht worden ist. Anderseits schließt die Aufzählung der besonderen Schwierigkeiten, mit denen Karl V. zu kämpfen hatte, gerade den Kern seiner Behinderungen nicht ein, nämlich das Fehlen jener historischen Mitte, die seine burgundisch-habsburgischen Großeltern eben im Jahr ihrer Heirat verloren hatten. Der Untergang Karls des Kühnen, mit dem sich die schweizerischen Eidgenossen so großen Ruhm und so wenig echtes Verdienst erworben haben, warf einen langen Schatten voraus auf das Schicksal des Urenkels.

Karl ist aber im burgundischen Zwischenbereich aufgewachsen, im brabantischen Mecheln, und unter der Leitung seiner habsburgischen Tante, der Regentin Margarete, erzogen worden. Man ist sich einig darüber, daß die Ausstrahlung dieser ungewöhnlichen Frau, die kirchliche Unterweisung durch Adrian von Utrecht und die humanistische Bildung seiner Lehrer, verbunden mit einem hohen und gern geleisteten Maß an körperlicher Übung, den reichen Zusammenklang von Sittlichkeit, Frömmigkeit, Nachdenklichkeit und Ritterlichkeit erzeugt haben, der seine ganze Existenz prägte. Früh prägen mußte: denn fünfzehnjährig wurde er in Brüssel großjährig erklärt, einstweilen als Herzog von Burgund in der Nachfolge seines 1506 verstorbenen Vaters. Vier Tage zuvor, am 1. Januar 1515, war Franz I. König von Frankreich geworden.

Die spanische Krone fiel Karl schon im Jahr danach zu, durch den Tod seines Großvaters Ferdinand, dessen Regentschaft sonst bis zum 25. Lebensjahr des Enkels gedauert hätte. Nicht auszudenken, wie anders sein Wirken oder das seiner Regierung hätte verlaufen können, wäre er noch eine Weile verschont geblieben von all den Spannungen, welche die Halbinsel und das zugehörige Doppelreich von Sizilien und Neapel für ihn bereithielten. Sein anderer Großvater, der ewig unruhige Maximilian, machte den Räten in Brüssel mit seiner Italienpolitik und mit seinen diplomatischen Schachzügen schon genug zu schaffen. Tatsächlich dauerte es ein weiteres Jahr, bis sich Karl in der Lage sah, die Niederlande zu verlassen und in Spanien selbst die Regierung anzutreten; insofern noch zur rechten Zeit, als der eigentliche Statthalter in dem zerstrittenen Land, Kardinal Ximénez, kurz nach seiner Ankunft verstarb. Umgekehrt hatte Karl eben erst in Kastilien, dann in Aragón eine mühevolle Verständigung mit den Cortes in die Wege geleitet und in Mercurino Gattinara einen Kanzler gefunden – vielmehr von Brüssel verschrieben bekommen –, der seiner Aufgabe voll gewachsen war, als ihn im Januar 1519 die Nachricht vom Tod Maximilians erreichte.

Eine verwandte Konstellation hatte einst die Anfänge des staufischen Kaisers Friedrich II. bestimmt. Auch ihn hatte der frühe Tod des Vaters in die fast unmittelbare Nachfolge der Großväter gerückt; auch er war in jungen Jahren zunächst auf das Land seiner Mutter verwiesen worden, um dann von dort das Kaisertum, das väterliche Erbteil, anzustreben. Nur wurde bei Karl die Generationenlücke auf das sorgsamste ausgeglichen, die Übereilung entscheidend gemildert durch Erzieher und Ratgeber; seine Jugend blieb behütet, so verantwortungsvoll sie sich anließ, und wie rasch sein Aufstieg auch war, er bewahrte sich doch etwas Umsichtiges und Bedächtiges. Das einsame Abenteuer, das Friedrichs Laufbahn ausmachte, hatte er nicht zu bestehen. Daß er im Innersten dennoch auf sich allein gestellt war, mag er ermessen haben, als er in jener Zeit seine Mutter aufsuchte, die als Gefangene ihres Trübsinns in Tordesillas lebte, die einzige ihrer Generation, die ein hohes Alter erreichen sollte.

Noch während des ersten Aufenthalts in Kastilien hat Karl seine Zustimmung zu dem Expeditionsplan des Portugiesen Magellan gegeben, auf den sich die Regierung in Lissabon nicht hatte einlassen wollen. Fast gleichzeitig mit dem Entdecker des südlichen Seewegs nach Ostindien stach Hernando Cortés westwärts in See; 1520 trafen aus dem eroberten Mexiko die Schätze des Montezuma am spanischen Hof ein. Fünfzehn Jahre später war es das Gold der Inka, das nach dem Tod Pizarros zum Kaiser gebracht wurde. Längst hatte Las Casas seine Stimme erhoben gegen die Ausbeutung und die Unterdrückung der Eingeborenen im Neuen Indien; und schon war man auf den Ausweg verfallen, zu ihrer Entlastung auf afrikanische Negersklaven zurückzugreifen. Wir wissen, wie wenige Fakten, und wie beschönigte, zu Karls Kenntnis gelangten. Was wir nicht wissen oder nur ahnen, ist, was die überseeische Entwicklung für ihn bedeutete. Sehr real kann der Machtzuwachs, kann der Gewinn aus den fernen Provinzen auf ihn nicht gewirkt haben. Aber daß ihm der universale Charakter seiner Herrschaft in den weltumspannenden Fahrten und Beutezügen seiner Untertanen bestätigt wurde, muß man wohl annehmen. In die Zukunft ging sein Blick nicht oder ungern; ein koloniales System sah er kaum voraus.

*

«Sire, da Euch Gott diese ungeheure Gnade verliehen hat, Euch über alle Könige und Fürsten der Christenheit zu erhöhen zu einer Macht, die bisher nur Euer Vorgänger Karl der Große besessen hat, so seid Ihr auf dem Wege zur Weltmonarchie, zur Sammlung der Christenheit unter einem Hirten.» Die Worte Gattinaras, des universalistisch gestimmten «Großkanzlers aller Reiche und Länder des Königs», beziehen sich nicht auf den «globalen» Zuschnitt der Herrschaft Karls, sondern auf ihre Verankerung im römischen Königtum, die am 28. Juni 1519 durch einstimmige Wahl in Frankfurt zustande gekommen war. Die sieben Kurfürsten hatten sich für den jungen Habsburger entschieden, gegen die vom Papst ursprünglich begünstigte Kandidatur Heinrichs VIII. von England, gegen die vom Papst dann aus allen Kräften geförderte Kandidatur Franz' I. von Frankreich und gegen die vom Papst schließlich noch angeregte Nichtkandidatur Friedrichs des Weisen, des Landesherrn Martin Luthers. Die Kurfürsten hatten sich zu ihrer Wahl bestimmen lassen: durch beträchtliche Zahlungen des Bankhauses Fugger, das sich mit Rechtstiteln in den österreichischen Erblanden schadlos hielt; und durch eine Stimmung, die einerseits auf die übereifrige Politik der Kurie ungünstig reagierte, anderseits in dem Enkel Maximilians etwas Herkömmlich-Vertrauteres zu verspüren meinte als in den Königen von Frankreich und England. Doch darf man sich Franz und Heinrich noch nicht als national einzugrenzende Fürsten vorstellen und von Karl, dem burgundischen Herzog und spanischen König, nicht glauben, er sei irgendwie «deutsch» gewesen oder habe sich so gefühlt.

Man hat das als verhängnisvoll bezeichnet: daß in denselben Jahren, da die Unruhen der Reformation über Deutschland kamen, an die Spitze des Reichs ein «Fremder» getreten sei. Aber was heißt das? Als Karl V. im Oktober 1520 (denn auch diesmal war er nicht ohne einige Umstände los- und vorangekommen) zur Krönung nach Aachen zog, schrieb Luther: «Gott hat uns ein junges, edles Blut zum Haupt gegeben und damit viel Herzen zu großer guter Hoffnung erweckt.» Solche Hoffnung richtete sich gerade auf den, der von außen zu kommen schien und noch unbefangen sein mochte gegenüber dem beginnenden Streit; von dem man auch wußte, daß er nicht nach dem Wunsch des Papstes gewählt worden war (sei es auch nur, weil das alte, wiederum schon gegen Friedrich II. verfochtene Prinzip hier gewirkt hatte, wonach Neapel/Sizilien und die Reichsherrschaft getrennt bleiben sollten). Und nun wurde diese Hoffnung enttäuscht, da sich Karl am Reichstag in Worms, April 1521, gegen Luther und gegen die reformatorische Lehre wandte, unter Berufung auf seine Vorfahren, «die alle bis zum Tode getreue Söhne der römischen Kirche gewesen sind», und in der Gewißheit, «daß ein einzelner Bruder irrt, wenn er gegen die Meinung der ganzen Christenheit steht, weil sonst die Christenheit tausend Jahre oder mehr geirrt haben müßte».

Es ist nicht anzunehmen, daß die Entscheidung anders gelautet hätte, wenn ein «deutsch denkender» König sie hätte treffen müssen. Allenfalls könnte sich für einen solchen Herrscher ein Konflikt zwischen Sympathie mit der neuen Bewegung und Treue zur Kirche als der Garantin seines eben doch universalen Amtes ergeben haben: ein Konflikt, der Karl V. erspart blieb, weil dieses Amt für ihn hoch über allen Bewegungen stand. Aber man müßte sich schon den ganzen Anspruch des Kaisertums und der Reichspolitik aus dem Zeitalter wegdenken, um zur Vorstellung eines deutschen Königs zu kommen, der die Reformation in seinem Land oder in seinen Ländern verwirklicht hätte. Auch steht nicht fest, daß daraus eitel Glück erwachsen wäre. – Eine ganz andere Frage ist, was es bedeutet hätte, wenn Karl auf die Dauer zu dem Einvernehmen mit dem Heiligen Stuhl gelangt wäre, das 1521/22 erreicht schien, da Adrian von Utrecht, einst sein Lehrer, seither Regent und Grossinquisitor in Spanien, Papst wurde. Dass Hadrian VI. schon 1523 starb und das päpstliche Amt erneut einem Medici – Clemens VII. – zufiel, durch den die religiöse Auseinandersetzung keine Impulse und die innere Reform der Kirche keine Chance erhielt, darin mag man wohl ein Verhängnis sehen.

*

In demselben Sommer 1527, der aus einem permanent gewordenen Kriegszustand in Italien und aus der Söldnermisere im Heer des Königs das unerhörte Ereignis der Plünderung Roms und der Belagerung Clemens' VII. durch führerlos gewordene deutsche Truppen hervorgehen sah, richtete Karl an den Papst eine programmatische Botschaft. Den Hintergrund bilden Gedanken Gattinaras. In einem Brief an Erasmus von Rotterdam hatte der Kanzler geschrieben, die Christenheit teile sich in drei Lager: eines halte bedingungslos zu Martin Luther; das zweite starrsinnig zum Papst – was Gattinara ebenso abwegig findet; das dritte, zu dem er sich selbst und mit gutem Recht seinen Adressaten rechnet, wolle nicht nur die Ketzerei überwinden, sondern auch die Kirche erneuern. Für den König verband sich diese religiöse Tendenz mit dem Streben, den Papst aus politischen, vielfach wechselnden Bindungen an die Feinde des Reichs zu lösen und so auch die Kaiserkrönung vorzubereiten. In einer Atempause, die ihm der Kampf gegen Frankreich und all seine andern Verstrickungen ließen, erlebte er diesen feierlichsten Akt seiner Laufbahn am 24. Februar 1530, an seinem dreißigsten Geburtstag, in Bologna.

Halten wir uns vorerst an die kirchliche Thematik. Schon 1524 war Karl an Clemens VII. herangetreten mit der Bitte, ein Universalkonzil abzuhalten – und zwar in Trient –, nachdem er, der König, ein deutsches Nationalkonzil abgelehnt habe (zu dieser Ablehnung kam er vier Jahre später noch einmal: «denn je mehr die deutsche Nation unter sich ist, um so mehr wird sie zu Irrtümern neigen»). Während sich aber der Papst gegen den Konzilsplan sträubte, festigte sich der deutsche Protestantismus. Am Augsburger Reichstag, 1530, verbal verdammt, aber von Sanktionen verschont, kam er bald in die Lage, dem jüngeren Bruder des Kaisers, dem 1531 in Köln zum römischen König gewählten Ferdinand, eine Art Burgfrieden abzunötigen: die Türkengefahr ließ eine innere Auseinandersetzung nicht zu, und um die Einigkeit im katholischen Lager war es übel bestellt, innerhalb wie außerhalb Deutschlands.

Für den Kaiser selbst hat die konfessionelle Auseinandersetzung über viele Jahre hin zwischen drei möglichen Formen geschwankt. Das Konzil war eine von ihnen; als es 1545 unter den Legaten Papst Pauls III. endlich zu tagen begann, um alsbald einen für Karl unerwünschten Verlauf zu nehmen, war für die frühere Form, für die Konfrontation der Lehren und ihrer politischen Träger im Rahmen eines Reichstags, kein Erfolg mehr zu hoffen; desto näher war die letzte gerückt, die des Kriegs gegen die protestantischen Stände. Die Abhängigkeit des Kaisers von der europäischen Konstellation und besonders vom Stand seines Dauerkonflikts mit Frankreich brachte es mit sich, daß der Weg zum Konzil nun gleichzeitig frei wurde wie der Weg zur gewaltsamen Abrechnung zwischen den deutschen Glaubensparteien. Aber was heißt hier frei? Die Gleichzeitigkeit von Konzil und Krieg war das letzte, was sich aus unbehinderter Planung ergeben hätte. Auch hat das Zusammenwirken von Kaiser und Papst die zwei Jahre nicht überlebt, die zwischen dem Eröffnungsakt in Trient und der Unterwerfung der Protestanten, des Schmalkaldischen Bunds, liegen: Nicht genug damit, daß die Legaten nur eben auf die dogmatische Zurückweisung der Lutherschen Theologie drängten und das Traktandum der Kirchenreform vermieden, daß ferner der Papst die Verlegung des Konzils nach Bologna, also in den Kirchenstaat, anordnete; Paul III. hatte auch seine Truppen vor der entscheidenden Schlacht bei Mühlberg aus dem kaiserlichen Heer abberufen.

Karl V. hat, als Antwort auf die Verlegung des Konzils, eine Erklärung erlassen, die festhalten sollte, «wie es der Religion halben im heiligen Reich bis zu Austrag des gemeinen Konzils gehalten werden soll». Dieses «Interim», für die Protestanten nicht annehmbar und den Altkirchlichen doch zu wenig entschieden, hat an der Lage der Dinge, zumal sie nun durch Gewalt verfügt war, nichts mehr geändert. Und als sieben Jahre später, 1555, im Augsburger Religionsfrieden eine neue Ordnung geschaffen, das Nebeneinanderbestehen der Konfessionen verbrieft wurde, hatte Karl die Verantwortung dafür und für das Reich insgesamt auf seinen Bruder Ferdinand übertragen.

*

Im selben Frühjahr 1547, in dem der Schmalkaldische Krieg zu Ende ging, starb König Franz I., ganz kurz nach Heinrich VIII. von England. Rivalitäten eines Menschenalters: Heinrich war 1509 auf den Thron gelangt, Franz 1515, beide hatten sich 1519 um die Kaiserkrone beworben, beide ihre Stellung im Gesamtrahmen Europas, im dynastischen Konkurrenzkampf um die Vorherrschaft in der christlichen Welt gesehen. Freundschaft und Gegnerschaft hatte in ihrem Verhältnis zu Karl und in ihren Beziehungen untereinander gewechselt; so zwar, daß die Gegnerschaft dominierte und die Freundschaft nie zu einem durchgehaltenen Bündnis zweier gegen einen hinreichte. Übrigens war man verwandt: Heinrich mit Katharina von Aragón, Karls jüngster Tante, verheiratet; Franz mit Eleonore, Karls älterer Schwester; um von den vielen Verlöbnissen und Mitgiftbestimmungen nicht zu reden, die in Verträge und Absprachen zwischen den Häusern eingingen und ebensowenig reale Bedeutung erlangten wie diese Verträge und Absprachen selbst. Die Verflechtung der Dynastien hatte keine bindende Kraft, es sei denn für die Struktur des gottgewollt-selbstverständlichen Herrschaftssystems; was politisch zählte, war das je momentane Staatsinteresse.

Eben darin beruht wohl letztlich die Überlegenheit

Karls V. über seine Rivalen: seine Interessen hatten größere Dauer. Wie weitläufig auch und wie ungefüg das Machtgebilde erscheint, das er ihren kompakteren Kraftzonen gegenüber behaupten mußte, so zog sich durch diese Selbstbehauptung, mit ihren Fehlschlägen, Aushilfen, knappen Erfolgen, doch der unzerreißbare Nerv eines Kampfs um das Ganze. Der Vorteil der Gegner ist mit Händen zu greifen: ihre Kombinationen konnten sich immer nach der besonderen Schwierigkeit richten, in der sich der Kaiser gerade befand – in Italien, in den Niederlanden, in Spanien oder in Deutschland. Und der König von Frankreich verband damit noch den strategischen Vorteil der «inneren Linie», den er schon 1521 insofern nützte, als er Karl gleichzeitig an der Maas und im Hennegau, in Navarra, vor Mailand zusetzte – von jener Mitte her, die dem Habsburger fehlte. Viel hat zusammengewirkt, damit Franz I. aus solch günstiger Stellung den entscheidenden Gewinn doch nicht ziehen konnte. Daß er weder über einen so großen und aus so hervorragend kompetenten Männern gebildeten Stab verfügte wie Karl, noch über einen so großartig-gewandten Minister, wie Heinrich VIII. ihn in Kardinal Wolsey hatte, mag mitgespielt haben. Doch vor allem war seine Persönlichkeit leichter als die des Kaisers gebaut; der verzehrende Ernst, mit dem Karl V. in reiferen Jahren an seiner Aufgabe hing, hat Franz I. seine königliche Existenz nicht verdüstert.

Krieg und Ausgleich und wieder Krieg: ein festes Ergebnis war nie zu erzielen. Einmal, nach dem überraschenden Sieg bei Pavia, 1525, als Franz sein Gefangener war und sein Schwager wurde, glaubte Karl seinen Anspruch auf Burgund durchsetzen zu können; im Jahr danach brach der Gegensatz wieder auf. Höchst bezeichnend, daß Karl den treubrüchigen, nun mit England gegen ihn verbündeten König 1528 zum Zweikampf herausforderte – und daß daraus nichts wurde, weil solche Ritterlichkeit doch schon fremd in der Zeit stand. Friede wurde geschlossen: 1529 in Cambrai, 1538 in Aigues-Mortes, 1544 in Crépy; hart erkämpfte Atempausen, die der Kaiser für die konfessions-politische Auseinandersetzung, für die Abwehr der Türken, gar für den Kreuzzug – der ein phantastischer Plan blieb – zu nützen suchte; wobei er dann wieder Frankreich im Einverständnis mit den Osmanen fand. Dennoch gelang ihm 1535 ein wirksamer Schlag gegen den Herrn von Algier und Tunis, Hayreddin Barbarossa; der Einzug in sein süditalisches Königreich, der Besuch in Rom zeigten den Kaiser in glänzender Machtentfaltung. Ein neuer Angriff gegen den mohammedanischen Feind scheiterte, 1541, in einem Sturm vor der nordafrikanischen Küste.

Wie denn die Mittelmeerpolitik Karls V. nicht mehr zu den tragenden Momenten der Reichsbewahrung gehörte. Die Abwehr der Türken war seit den zwanziger Jahren eine vorwiegend osteuropäische Aufgabe und damit eine Frage der Position König Ferdinands in Böhmen und Ungarn geworden. Auch hier sah sich Karl mit den Forderungen einer Zeit konfrontiert, die seinen mittelalterlich-imperialen Begriffen nicht völlig entsprachen. Sehr handgreifliche Forderungen: die Geldmittel betreffend, die Ferdinand für den Schutz des Donauraums reklamierte, samt der politisch-militärischen Rückendeckung, die Karls Konflikte im Westen und Süden, und immer mit Frankreich, so selten gewährten. Die strittigen, oft in der Tat sehr schwer zu bestimmenden Prioritäten waren es aber, die seiner Regierung das Stockende, Zögernde, dann auch die Kraft des langen Durchhaltens gaben.

Man kann nicht alles auf einmal sagen, oder auch denken. Dabei macht es das Eigentümliche der Geschichte Karls aus, daß sich fortwährend eins übers andere schiebt. Immer stand, was gerade dringlich erschien, in Verrechnung mit einem nächsten, vielmehr schon vorgegebenen, seinerseits unausweichlichen Element der Lage, des Kräftespiels. Neue Erscheinungen verbanden sich mit jahrhundertealten Konstanten und veränderten ihren Sinn. So erweiterte sich durch die Reformation das Spannungsfeld zwischen Kaiser und Papst; so spitzte sich der latente Gegensatz zwischen der Reichsregierung und den italienischen Städten dank den unaufhörlich wechselnden Bündnissen zu, die im Zeichen der schwankenden päpstlichen Politik und französischer Interventionen standen. Der mißglückte Vorstoß König Karls VIII., 1494, gegen das einst angiovinische, nun aragonesische Neapel hatte den Gruppierungs- und Umgruppierungsprozeß in Gang gebracht. Der Sieg Franz' I. bei Marignano, 1515, löste die Reaktion gegen Frankreich aus, die 1521/22 zur Rückgabe Mailands an den vom Kaiser belehnten Francesco Sforza führte. Wiederum weckte aber Karls Sieg bei Pavia, 1525, die päpstlich-italienische Gegenwehr, die unter anderem an den kaiserlichen Feldherrn Pescara die Versuchung herantrug, seine Vaterstadt Neapel der spanischen Fremdherrschaft zu entreißen. Fünf Jahre ist Karl damals dem Kriegsschauplatz ferngeblieben und hatte es seinen ungenügend versehenen Heerführern zu verdanken, daß Neapel und Mailand gegen Franzosen und Genuesen behauptet wurden und er nach Bologna zur Krönung durch den wieder gefügig gewordenen Papst ziehen konnte.

Durch all diese Wechselfälle, wie später noch durch die auf Frankreich gestützte Familienpolitik des Konzilpapstes Paul III. Farnese, beginnt mehr und mehr eine Beruhigung oder Erstarrung der größeren Verhältnisse auf der Halbinsel durchzuscheinen. Es blieb bei der habsburgischen Oberherrschaft über die Lombardei; es blieb bei der spanischen Herrschaft in Süditalien. Die Dynamik der Städte fand stillere Bahnen, der Kirchenstaat konnte sich seiner Grenzen allmählich sicherer fühlen. Nach langen Wirren hatte sich doch ungefähr das spätmittelalterliche Muster der Aufteilung stabilisiert. Es ist Karls Verdienst, die Kontinuität hier durch zähes Beharren durchgesetzt und besiegelt zu haben. Sie schien im Jahr seines Rücktritts noch einmal durch das Zusammenspiel eines Papstes mit den Franzosen gefährdet, hielt aber stand und sollte ein Vierteljahrtausend fortdauern: länger noch als das Reich, aus dessen Geschichte sie zu verstehen ist.

*

Kontinuität: sie zu stiften oder zu sichern, erschien dem Kaiser als seine vornehmste Pflicht. Es gelang ihm in Spanien, in Italien; es gelang ihm, der groben politischen Ordnung nach, auch in Deutschland. Es gelang ihm nicht in den Ländern, die ihm – neben Spanien – lebensmäßig die nächsten waren. Lebens-, aber auch machtmäßig. Schon aus den Erbteilungen mit Ferdinand, 1521/22, ergab sich, daß Karl die kaum angetretene Herrschaft über den österreichisch-süddeutschen Raum wieder abtrat, vorbehalten die kaiserliche Oberhoheit, wie sie für alle deutschen Fürsten und Städte galt bis zum Übergang der Krone an den jüngeren Bruder. Umgekehrt sollte nach Ferdinands Tod das Elsaß samt angrenzenden Gebieten an die burgundisch-spanische, also Karls eigene Linie fallen: da spielt von neuem die Überbrückung der verlorenen Mitte herein, der Versuch, für die alte lotharingische Achse zwischen Brüssel und Mailand einen Ersatz zu schaffen.

Nun waren die Niederlande in dem ganzen bewegten System die vielleicht unruhigste Zone. Was in Spanien nur Anfangsschwierigkeiten geschaffen hatte – die Unbotmäßigkeit der Granden und einiger Städte, die aber durch soziale Spannungen behindert und durch ein legitimistisches Denken wieder gedämpft worden war – sollte hier in eine Dauerkrise hineinführen. Mit der aristokratisch-republikanischen Opposition der Landesherren und Städte hatte schon Margarete zu kämpfen gehabt; in noch größere Bedrängnis geriet, ohne eigene Schuld, Maria, Karls Schwester, die verwitwete Königin von Ungarn, die seit 1531 Statthalterin war. Denn die kaiserliche Politik brachte es mit sich, dass diesen reichen Provinzen immer wieder Mittel abverlangt wurden, die nicht unmittelbar oder gar nicht zu ihrem Nutzen verwendet wurden. Daher im Volk das historisch unrichtige, im Lauf der Zeit aber durch die tatsächliche Lage bestärkte Gefühl um sich griff, daß man unter einer Fremdherrschaft lebe.

Konfessionelle Momente kamen dazu. Karl hatte die ersten reformatorischen Regungen in den Niederlanden mit einer Härte unterdrückt, die sich aus seinem affektiven Verhältnis zur Kirche gerade in diesem Bereich erklärt; die aber ein untergründiges Fortschwelen der rebellischen Gläubigkeit im Gefolge hatte. Einer Gläubigkeit, die sich hier wie auch sonstwo leicht mit dem Handelsgeist der Städte und namentlich der Seestädte paarte. Sie aber waren von Unruhe nicht nur erfüllt, sondern auch Unruhen ausgesetzt, wobei ihre Konkurrenzkämpfe mit England, mit Dänemark, mit der Hanse wiederum durch den Kontext der Mächtepolitik verschärft und gesteigert wurden. Im Innern verbanden sich dafür dynastische Streitigkeiten mit Intrigen und Interventionen Frankreichs, das sich immer von neuem gegen die nahegelegene und verletzliche Stelle in Karls Imperium wandte. Zum eigentlichen Krieg verdichteten sich diese Aggressionen, als 1542 ein Zusammenspiel der Franzosen mit Cleve und mit dem ewig turbulenten Geldern die Fronten quer durch das ganze Land gehen ließ.

Solange die Niederlande im weiten Kreis der Reiche des Kaisers lagen, hatte ihre Verbindung mit Spanien den scharfen Akzent noch nicht, der später so haßerfüllten Widerstand auslösen sollte. Merkwürdiges Ineinandergreifen von Irrtum und Einsicht – Karl hielt es für möglich, daß sein Sohn Philipp durch Anpassung finden könne, was er selbst durch Erziehung gewonnen hatte: den lebendigen Einklang mit der burgundischen Welt. Doch so glanzvoll der Einzug des Prinzen in Brüssel, 1550, vonstatten ging, es erwies sich bald, daß der Kaiser sich hier verrechnet hatte. Aber richtig gedacht – wenn auch gleichfalls nicht realisierbar, wie sich dann zeigte – war die Erbfolgeordnung, die Karl gleichzeitig gegenüber Ferdinand durchzusetzen versuchte: wonach der Bruder sein Nachfolger im Reich, dessen Nachfolger aber wiederum Philipp, nicht unmittelbar Ferdinands Sohn Maximilian werden sollte. Zwischen Philipp und Maximilian hätte sich dasselbe Verhältnis wie zwischen den Vätern wiederhergestellt; die ältere und die jüngere Linie des Hauses hätten einander im kaiserlichen Amt abgelöst. In diesem Vorschlag mag man die Sorge gespiegelt sehen, es könnte bei fortdauernder Teilung und Trennung der Machtsphären eine Schnittstelle entstehen, wo zu Peripherie würde, was vordem so etwas wie Mitte gewesen, und es könnte dadurch das Gleichgewicht der habsburgischen Position gestört werden – wie dann geschah.

*

Die Auseinandersetzung um den dynastischen Plan Karls V. fiel mit einer letzten schweren Kraftprobe in Deutschland (und indirekt mit Frankreich) zusammen. Daß 1551 das Konzil wieder nach Trient einberufen wurde und daß nun auch protestantische Abgeordnete dort erscheinen konnten, war ein Erfolg der vom Kaiser seit Jahrzehnten verfochtenen Kirchenpolitik, änderte aber nichts mehr an der konfessionellen Lage in Deutschland. Protestantische Opposition floß in eins mit der Verteidigung landesherrlicher «Libertät» gegen die Kaisermacht. Kurfürst Moritz von Sachsen trat als treibende Kraft eines Fürstenbundes hervor, der sich mit König Heinrich II. von Frankreich verständigte und eine Dynamik entwickelte, auf die Karl V. nach den Erfahrungen des Schmalkaldischen Kriegs nicht gefaßt gewesen war. Nie ist er so unmittelbar in Bedrängnis geraten wie 1552, als er vor den «Kriegsfürsten» von Augsburg nach Kärnten entweichen und dann in Passau mit ihnen verhandeln mußte, ohne allerdings dem Protestantismus und dem Partikularismus andere als vorläufige Zugeständnisse zu machen.

Auch in dieser letzten Krise haben sich vordergründig zwei Hauptmomente der Situation Karls V. wieder gezeigt. Der Kaiser war einerseits leicht in Verlegenheit, ja in Gefahr zu bringen; er genoß nie den Schutz, den ein überschaubarer, eingegrenzter Herrschaftsraum bietet; seine Fronten waren gleichsam immer zu lang. Anderseits standen ihm langfristig Machtmittel – Truppen und Geld, politische Hilfsstellungen – wie sonst keinem Fürsten der Welt zur Verfügung; Machtmittel, die er mit überlegener Sicherheit und mit einem unbedingten Durchhaltewillen einsetzte. Solang dieser Wille nicht nachließ, waren Karls Gegner immer am kürzeren Hebel. Er ließ aber nach, im Alter: das in jener Zeit früher kam als in der unsern, und besonders früh bei einem Mann, der sein Leben in ungeheurer Verantwortung und in unruhiger Anstrengung zubrachte, überdies von nicht eben herkulischer Konstitution war und während vieler Jahre an Gicht litt.

Daß die Spannkraft des Kaisers zu Beginn der fünfziger Jahre – seiner eigenen und des Jahrhunderts – nachließ, das lag aber nicht nur an seinem physischen Zustand. Damit stoßen wir auf eine tiefere Schicht, oder auf das Hintergründige seiner Lage. Karl konnte, nach den Erfahrungen eines Menschenalters, nie wirklich verlieren; wirklich gewinnen auch nicht. Er wurde der Schwierigkeiten immer von neuem Herr; doch sie begannen immer von neuem. Am Ende – nicht am Ende bestimmter Ereignisse oder Entwicklungen, sondern ganz einfach nach einer gewissen Zeit, die ihm lang schien – war er der Wiederholungen müde. *Ultra posse nemo obligatur.* Er zog sich zurück: von Deutschland zuerst, das er Ende 1552 verließ; dann von den Niederlanden, wo er die Herrschaft im Herbst 1555 dem Sohn übertrug; schliesslich vom spanischen Thron, den er Philipp II. Anfang 1556 überließ. Danach lebte er noch zweieinhalb Jahre in der Klosterstille von San Jeronimo de Yuste.

Er sei gescheitert, steht in den einen Büchern, und damit meint man seine Versuche, der Kirchenspaltung zu wehren, und seine dynastischen Zukunftspläne. Was heißt aber Scheitern? Karls Familienpolitik war nicht so gemeint, daß durch Heiraten schließlich die integrale Weltherrschaft von einer Spitze her realisiert werde. Sondern die Zahl der verläßlichen und dem Haus Habsburg dauernd verbundenen Königtümer sollte so groß wie möglich sein – wobei sich der Kaiser keine Illusionen darüber machte, daß er in Franz I. von Frankreich seinen besten Feind, in Christian II. von Dänemark seinen schlechtesten Freund hatte; beides Schwäger. Das Gelingen dynastischer Kombinationen konnte nur relativ sein; es war relativ groß bei Karl, denn es war immer Habsburg, das Fuß faßte im anderen Haus; das Umgekehrte gelang erst viel später den Bourbonen in Spanien. Was aber die Konfessionspolitik angeht, hat allerdings Karl V. so wenig wie sonst jemand das Schisma verhindert. Mit seinem Drängen auf ein freies Konzil und auf eine Erneuerung der römischen Kirche hat er indessen die Bewegung einleiten helfen, die sich dann – großartig, wenn auch spät – entfalten sollte: die Gegenreformation.

Er habe, so steht in anderen Büchern, das mittelalterliche Erbe, den Reichsgedanken gegen das nationale Streben noch einmal zur Geltung gebracht, erfolgreich zwar, aber doch im Widerspruch zu der Zeit, die dem universalen Imperium den Rücken gekehrt habe. Wie man's nimmt. Wenn demnach Frankreich und England die Staaten waren, denen die Zukunft eher gehörte als den habsburgischen Ländern, so wäre zu sagen, daß diese Zukunft fürs erste feudal und später zeitweise imperial, nicht einfach nur national aussah. Wogegen auf Reichsboden die Partikularismen, harmlose Brüder der Nationalismen, nicht schlecht gediehen. Daß aber solche Entwicklungen – gleichzeitig-gegenläufig und in ihrer Zuordnung zu Vergangenheit oder Zukunft vieldeutig – die historische Einheit bildeten, die wir Europa nennen, ist von keiner einzelnen Gestalt in so hohem Maß bestimmt worden wie von Karl V.

Sechstes Kapitel

Erneuerung und Widerstand – Leibniz und Bossuet

Der kurze Dialog zwischen Leibniz und Bossuet, der Versuch, gemäßigtes Luthertum und französischen Katholizismus einander nahezubringen und einer Wiedervereinigung der christlichen Kirchen den Weg zu bereiten, ist für die religiöse Entwicklung Europas ohne Folgen geblieben und stellt nicht mehr als eine Episode dar – eine Episode freilich, die der geistige Rang der beiden Gesprächspartner vor vielen auszeichnet, und eine Episode, der die heutige kirchenpolitische Lage eine gewisse Aktualität verleiht. Aktualität – damit kann nicht gemeint sein, daß ein unmittelbarer Zusammenhang sichtbar würde zwischen jenem Briefwechsel der 1690er Jahre und der ökumenischen Bewegung unserer Zeit; auch nicht, daß die konfessionelle Situation der Gegenwart dem damaligen Stand der Dinge ohne große Einschränkungen und Vorbehalte vergleichbar wäre; sondern nur dies, daß die Spaltung des Christentums einst wie jetzt den Wunsch nach Versöhnung und Einheit vor allem in jenen wachrief, welche nicht durch die innere Kraft und die äußere Macht überlieferter Autorität vor drängenden und bedrängenden Fragen geschützt oder abgeschirmt waren: und daß ein Gesetz des ökumenischen Dialogs im Unterschied zwischen einem vorwiegend fragenden und einem vornehmlich antwortenden Teil angelegt war, einst wie jetzt. Solche Analogie mag sich im folgenden zeigen, ohne daß wir darauf bedacht wären, sie durchwegs dominieren zu lassen. Dominieren soll der Eindruck, welcher vom Zusammentreffen geistiger Potenzen ganz von selber ausgeht.

Achten wir aber darauf, wie sich dieses Zusammentreffen in einer höchst vielgestaltigen politischen Landschaft vollzieht – durch ihre Formationen mitgelenkt wird, zwingender wohl, als man es im Augenblick spüren mochte. Das Jahrzehnt, das wir aus der historischen Distanz betrachten, scheint uns düster beherrscht, überschattet von der Rücknahme des Edikts von Nantes, durch welche Ludwig XIV. im Oktober 1685 die schützenden Garantien für die Protestanten Frankreichs kassiert hatte; vom Widerruf dann, 1693, der Deklaration über die gallikanische Unabhängigkeit gegenüber dem Heiligen Stuhl; und von den Feldzügen des übermächtigen Königs, der Eroberung und Verwüstung deutscher Landstriche durch seine Heere. Fast zu leicht erkennen wir, daß sich ein weniger günstiges «Klima» für ein französisch-deutsches Religionsgespräch, für eine ökumenische Übereinkunft kaum denken ließe. Fast zu leicht – denn eben im Schatten der Gegensätze führt das Verbindende, trotzdem Gemeinsame oft ein natürliches, fruchtbares Leben, während der allzu friedfertige Austausch es niederdrücken und verborgene Widerhaken hervorpflegen kann. So daß wir doch auch nicht glauben dürfen, Leibniz habe die Zeichen der Zeit übersehen müssen, um seinen Vorstoß zu wagen.

Sein Vorstoß war es auch nicht allein, der über Jahre hin ein Unionsgespräch in freilich engem Rahmen erhielt. Und streng genommen ging die Initiative gar nicht von seiner, der protestantischen Seite aus, sondern ihr Keim zumindest lag in der katholischen Konversionstätigkeit. Ihr ist Leibniz früh begegnet – in ihrer edelsten Form, wie sie in Mainz sich am Hofe des Kurerzkanzlers Johann Philipp von Schönborn entfaltet hat. Die tolerante, vorab auf «gutte einigkeit in dem Vaterlande» ausgerichtete Politik dieses Kirchenfürsten hat Leibniz um 1670 in seinen konfessionellen Anschauungen entscheidend beeinflußt. Ja, ein Hauptmotiv seiner späteren Erörterungen geht offenbar auf Johann Philipp zurück, der nämlich die Beschlüsse des Tridentinums für sein Hoheitsgebiet nicht angenommen hatte, ohne freilich damit die Glaubensartikel des Konzils abzulehnen. Aus solchem Verhalten, das Mainz mit Frankreich verband, hat Leibniz in seinen Briefen an Bossuet zu folgern versucht, daß die Kirchenversammlung nicht zu den ökumenischen Konzilien zählen könne, ihre Lehren also nicht als unumstößlich gelten müßten.

Neben dem Kurfürsten und in gleichem Sinn hat Peter van Walenburch auf Leibniz gewirkt. Selbst ein Konvertit, ist der Weihbischof und Generalvikar (seit 1669) von Köln in der Bekehrung evangelischer Christen zum Katholizismus zu bedeutenden Erfolgen gelangt, hat sich aber zugleich mit Unionsplänen getragen – Plänen, die wesentlich auf Deutschland bezogen waren und gleichsam die Herausbildung einer germanikanischen Kirche anstrebten. Für Leibniz und seine späteren Anstrengungen haben sich aus Walenburchs Programm zwei wichtige Richtlinien ergeben. Auch er behielt über der konfessionellen Zielsetzung das Reichsinteresse im Auge, dem ein evangelisch-katholischer Ausgleich zugut kommen mußte. Und auch er arbeitete nicht auf eine radikale Neuordnung der kirchlichen Verhältnisse hin, unter denen die Protestanten – am leichtesten aber die Lutheraner seiner eigenen Prägung – in die Gemeinschaft zurückkehren konnten, von der sie seit höchstens fünf Generationen getrennt waren. Vergessen wir nicht, daß in seiner Zeit zwar die Erinnerung an die Glaubenskämpfe noch frischer, die theologische Entfremdung hingegen noch weniger fortgeschritten und verfestigt war, als wir sie uns angesichts der weit ausgebauten nachtridentinischen Lehren zu denken gewohnt sind. Zugleich mit dem Gedanken der Vermittlung ist in Leibniz auch der Gedanke an den eigenen Übertritt zum Katholizismus gereift; daß er ihm doch zuletzt nicht hat folgen können, hebt ihn aus dem geistigen Klima seiner Lehrjahre heraus und unterscheidet ihn im besondern von dem berühmtesten Mainzer Konvertiten Johann Christian von Boineburg, mit dem ihn sonst manches verbindet.

*

Gilt es die Mainzer Kontakte nur eben im Sinn zu behalten, weil sie Anstöße zu ökumenischen Überlegungen waren und weil sie Leibniz zugleich und vor allem die Möglichkeit – wenn es je für ihn eine war – der Konversion zu bedenken gaben, so müssen wir uns etwas näher mit den unmittelbaren Anregern seiner Reunionspläne, und im besondern mit Cristobal de Riojas y Spinola, dem Bischof von Wiener Neustadt, befassen. Spinola hat schon als Generalvikar der Franziskaner in Thüringen und später als Bischof von Tina an vielen deutschen Höfen für eine Wiedervereinigung von Protestanten und Katholiken geworben. Als Leibniz ihn 1688 in Wien besuchte und sich, wie er vielfach bezeugt hat, mit seiner Konzeption einig fand, war diese Wirksamkeit abgeklungen; doch ein an Leibniz gerichteter Brief vom 15. Januar 1689 formuliert noch einmal die Grundregel, die der Bischof den Unionsverhandlungen geben wollte. Die «protestierenden Fürsten», sagt er, dürften dem Volk nicht sagen, daß sie bisher in Religionssachen gefehlt hätten, sondern müßten erklären, daß sie sich den katholischen Standpunkt näher wollten erläutern lassen. Beide Parteien sollten im sicheren Glauben, selber im Recht zu sein, einander anzuziehen suchen, bis zum «Vergleich», der «durch sanftmütige, stille Leute» zu schaffen sei.

Dieses mehr diplomatische als theologische Rezept nimmt offensichtlich Bezug auf eine konkrete Schwierigkeit: die Fürsten, die vor ihren Untertanen und zum Teil für sie einen verbindlichen Glaubensentscheid getroffen hatten, mußten ihr Gesicht wahren. Es zeigt aber auch, daß Spinola nicht etwa nur auf die Rückführung der Protestanten zur katholischen Kirche, sondern auf einen echten Austrag unter den beiden Bekenntnissen hingearbeitet hat. Wie er sich diesen Austrag dachte, geht aus den zehn Leitsätzen hervor, die er auf Grund von Beratungen mit protestantischen Theologen im Jahr 1682 oder 1683 formuliert hatte. Die Wiedervereinigung, heißt es hier, sei nicht dadurch zu fördern, daß irgendwelche Wahrheiten geleugnet oder vernachlässigt würden. Dennoch gehe es nicht an, der Gegenpartei nun auch alle Wahrheiten vorzuhalten und sie zum ausdrücklichen Widerruf jedes Irrtums zu nötigen. Sondern es gelte, Formeln zu finden, in denen jede der Parteien ihre Glaubensauffassung bestätigt finden könne. Diese Formeln müßten den Grundgehalt des Christentums hervorheben und alles ausschließen, was von dem einen, höchsten Gegenstand der Verehrung, von Christus und dem Kreuzopfer, ablenkt: nur solches nämlich ist als irrig zu verwerfen, alle Abweichungen innerhalb eines ganz nur auf Christus gerichteten Glaubens fallen unter das Gesetz der Toleranz, dem Spinola somit eine außergewöhnliche Reichweite gibt. So sehr er aber darauf dringt, daß die verschiedenen Auffassungen und Gebräuche gegenseitig respektiert würden, so nötig scheint ihm anderseits doch eine allgemeinverbindliche Instanz. Als solche bietet sich die Einrichtung der ökumenischen Konzilien an; allein, nach der Lage der Dinge würde es schwer halten, sogleich den gesamteuropäischen Konsens zu erreichen, der eine wirklich allgemeine Kirchenversammlung tragen müßte. Wäre aber ein bestimmtes Maß an Toleranz gesichert, so könnte man sich ohne Gefahr der Führung durch den Papst anvertrauen; vorgezeichnet bliebe dabei der Gang des Reunionsverfahrens.

Auf zwei Hauptpunkte ist diese Prozedur festgelegt. Der eine ist ausgesprochen weltlich und nimmt Bezug auf die deutschen Verhältnisse. Die protestantischen Fürsten kommen in den Genuß der geistlichen Güter und der Pfründenverteilung, die ihrerseits den evangelischen nicht weniger als den katholischen Geistlichen zugutkommen soll. Das bedeutet eine Einbuße für die römische Kirche, aber so viel muß ihr die Rückkehr der entfremdeten Kinder in ihre Obödienz wert sein. Der zweite Hauptpunkt ist geistlicher Art und betrifft das Konzil. In ihm wird zuletzt die gemeinsame Grundlage des Glaubens ermittelt, werden die abweichenden Meinungen gegeneinander verrechnet, die notwendigen Zugeständnisse abgesprochen. Worin aber liegt die Autorität des Konzils? Nicht in einer Unfehlbarkeit, die ihm von vornherein eignen würde – sie annehmen, beachten wir das, hieße sich auf das Tridentinum festlegen. Sondern erst darin, daß seine Beschlüsse von der Gesamtkirche anerkannt werden und in ihr zum Wirken kommen. Soweit das Memorandum Spinolas und seiner protestantischen Mitarbeiter.

Unter diesen Gewährsmännern müssen wir den ersten Konsistorialrat in Hannover und Abt in Loccum, Gerhard Wolter van der Muelen, genannt Molanus, ins Auge fassen. Er nämlich hat die «Regulae», die Leitsätze des Bischofs von Wiener Neustadt, ausgebaut, präzisiert und auf die konkreten Ansprüche und Bedingungen seiner eignen Partei abgestimmt. Seine «Cogitationes privatae» von 1691, persönliche Betrachtungen über die Methode der Wiedervereinigung, empfehlen folgendes Vorgehen: Eine Reihe von Zugeständnissen (sechs) wird vom Papst gewährt, einige Konzessionen (drei) gewährt ihm die Gegenseite. Dann tagt eine Versammlung von Delegierten aus allen Teilen des Reiches und ordnet in ihren Debatten die verbleibenden Kontroversen nach drei Gruppen: solchen, die auf bloßem Mißverständnis beruhen; solchen, die auch innerhalb einer Partei nicht geschlichtet und daher vernünftigerweise im Sinne der andern, einmütigen, zu entscheiden sind; und solchen, die einen echten, klaren Gegensatz der geschlossenen Glaubensgemeinschaften darstellen. Diese letzten – und damit kommen wir nahe an den entscheidenden Punkt der ganzen Reunionsverhandlung heran – diese eigentlichen Differenzen bleiben fürs erste bestehen. In einzelnen Disputationen werden die Gottesgelehrten sich ihrer annehmen, oder aber man verweist sie an das ökumenische Konzil. Mit andern Worten: die Wiedervereinigung kommt zustande, sowie der Papst die Protestanten bereit findet, sich unter gewissen Voraussetzungen der kirchlichen Hierarchie und einem vollgültigen Konzil unterzuordnen. Dann erst setzt die theologische Bereinigung ein. Dies, zunächst vom bloßen Schema her gesehen, das Programm des Molanus.

*

Wie sehr nun Leibniz an solchen Entwürfen beteiligt war, zeigt nicht nur sein Verkehr mit dem Bischof von Wiener

Neustadt und dem Abt von Loccum, es geht auch aus seiner sonstigen weitgespannten Korrespondenz und vor allem aus dem schriftlichen Austausch mit dem – katholischen – Landgrafen Ernst von Hessen-Rheinfels und mit der Herzogin Sophie von Braunschweig-Lüneburg hervor. Vor allem im Briefwechsel mit dem Landgrafen läßt sich verfolgen, in welcher inneren Kurve sich Leibniz zum Katholizismus hin und wieder von ihm fort bewegt, entsprechend die Aussicht einer Wiedervereinigung höher oder geringer eingeschätzt hat. Der Augenblick der größten Annäherung wird durch ein Schreiben vom 11. Januar 1684 bezeichnet, in welchem Leibniz bekennt, er sei durch die «communion intérieure» Glied der katholischen Kirche und er sehe auch ein, daß sich daran die äußere Zugehörigkeit zu ihr schließen müsse. «Ich füge sogar hinzu», sagt er, «dass die sichtbare Katholische Kirche in allen Glaubenspunkten, welche für das Heil notwendig sind, unfehlbar ist…»

In einem «Promemoria» zur Frage der Reunion, das Leibniz dem Landgrafen im November 1687 übergeben hat, ist dieser Gedanke der inneren Bindung an die katholische Kirche weiterentwickelt und der Konzeption Spinolas, zugleich ganz im Einklang mit Molanus, eingefügt. Die Bereitschaft, nicht nur die Schrift, sondern auch die Tradition anzunehmen und sich den Beschlüssen eines wahrhaft ökumenischen Konzils zu unterwerfen, entzieht nach seiner Auffassung die Protestanten dem Vorwurf, der Form nach Ketzer zu sein; ihre abweichenden Glaubenssätze machen sie einstweilen nicht zu Schismatikern. Wesentlich ist, daß sie das Tridentinum nicht als abschließendes Urteil über ihre Sache gelten lassen müssen. Weder ist nämlich dieses Konzil zweifelsfrei ökumenisch, noch darf man meinen – und hier klingt ein weiteres Thema der künftigen Auseinandersetzung mit Bossuet auf –, daß die Entscheidungen eines Konzils nicht vom nächsten neu diskutiert werden könnten. Sofern sie katholische Wahrheiten aussprächen, würden sie auch bestätigt werden, und so hätte die Kirche jeweils durch ein weiteres Konzil nichts zu verlieren, aber viel zu gewinnen. Leibniz bezieht sich dann auf die Arbeit der hannoveranischen Theologen, die den Unterschied zwischen haupt- und nebensächlichen Differenzen herausgestellt habe, und nennt sieben Punkte, in denen die Protestanten festbleiben müßten: Kommunion unter beiderlei Gestalt, Abschaffung der Privatmessen, Rechtfertigungslehre, Priesterehe, Anerkennung der evangelischen Ordinationen, Volkssprache im Gottesdienst, Episkopalrechte der protestantischen Fürsten. Den liturgischen Gebrauch der Volkssprache abgerechnet, sind das die Vorbedingungen der Reunion, die Molanus in seinen «Cogitationes privatae» anführt.

In den Briefen, die Leibniz in den Jahren 1691/1692, zur Zeit des lebhaftesten Austauschs mit den französischen Partnern, an den Landgrafen richtet, verfolgt er drei Gedanken, die alle darauf zielen, den eigentlichen theologischen Konflikt zurücktreten zu lassen. Er betont am 31. März 1692 – und wir werden den Anstoß dazu bei Bossuet finden –, «daß die in der Römischen Kirchen schwebende controversien von größerer wichtigkeit seyn, alss die jenige, so der projectirten vereinigung nach, zwischen der gantzen Römischen Catholischen, und der Evangelischen, oder Nordischen Parthey übrig bleiben würden». Er hebt am 12. September 1691 hervor, daß den Katholiken der Kampf gegen die «corrupteurs de la Morale» viel wichtiger sein müsse als der oft akademische Streit mit den Protestanten. Und er erklärt am 17. Juni dieses Jahres und wieder am 12. September, daß die Verhandlungen sich im wohlabgewogenen Stil der Diplomatie abwikkeln müßten; die Gelehrten verständen oft weder höflich noch maßvoll zu schreiben, und vor allem «Mrs. les Theologiens» ereiferten sich leicht; der richtige Mittelsmann sei ein historisch gebildeter Politiker – er meint Veit Ludwig v. Seckendorf, den Verfasser des «Commentarius historicus et apologeticus de Lutheranismo» von 1688/89, der aus einem kontroverstheologischen Anlaß zu einer monumentalen Reformationsgeschichte erwachsen war.

Schon in diesen Jahren verrät Leibniz gelegentlich die eigenen Zweifel an der Durchführbarkeit der ersehnten Reunion: sie liege wohl noch weit in der Zukunft «à cause des passions regnantes de part et d'autre» (12. September); oder auch: es komme nicht darauf an, ob und wann sie zustande komme, sondern ob sie an und für sich möglich und tunlich sei (19. Oktober 1691). Umgekehrt wächst bei dem Landgrafen die Skepsis aus anfänglicher Zustimmung kräftig hervor. «No, No», ruft er einmal aus, «non me lo posso mai persuadere» – die Wiedervereinigung sei ihm nicht vorstellbar (20. September); er macht kein Hehl daraus, daß es ihm viel mehr auf die Konversion seines Briefpartners – und wohl am Ende auch seiner hannoveranischen Herren – als auf einen ökumenischen Ausgleich ankäme. Schlimmer als selbst die Ketzerei, so schreibt er am 18. Dezember, dünke ihn der «maudict Syncretisme», der noch zum allgemeinen Untergang führen werde; und im «Trifolium Lutheranum», einer derben Streitschrift, die er Leibniz am 11. Januar des folgenden Jahres übersendet, beschuldigt er ihn des Indifferentismus und ruft dem Mittler zwischen den Konfessionen mit einem Wort des Hieronymus zu: «Quisquis sit, noster non est – Wer er auch sei, er ist keiner der Unsern.»

*

In welcher Weise das Reunionsprojekt, für das sich Leibniz gegen so deutliche Reserven eingesetzt hat, mit den besonderen Umständen des hannoveranischen Herzog- und später Kurfürstentums verknüpft, ja in ihnen verwurzelt war, läßt sich in zwei Worten nicht sagen. Begnügen wir uns mit der Erinnerung, daß Johann Friedrich von Braunschweig-Lüneburg, der Leibniz im Jahr 1676 an seinen Hof zog, wie Landgraf Ernst ehemaliger Calvinist und wie er unter mainzischem Einfluß konvertiert war – konvertiert wie der Däne Stensen, der ihm seit 1677 als Apostolischer Vikar zur Seite stand. Ob nun Leibniz durch seine römischen und französischen Verbindungen als eigentliches Bindeglied zwischen seinem Fürsten und der katholischen Welt wirken sollte, mag fraglich bleiben; die sonderbare Lage jedenfalls, in der sich Johann Friedrich gegenüber seinen andersgläubigen Untertanen befand, dazu die erhöhte Aktivität der Kurie an diesem möglichen Ansatzpunkt einer Rekatholisierung Norddeutschlands, endlich die latente, durch viele Beispiele genährte Neigung, die eigene Konfession zu vertauschen: daraus wird man sich den fortdauernden persönlichen Antrieb zu vermittelnder, ausgleichender Tätigkeit leicht erklären – wie viel und wie wenig Politik noch im Wechsel der Zeit dazukommen mochte.

Zu der Zeit dann, als Leibniz mit Molanus und Spinola zusammenarbeitet und sich in Frankreich für die Sache der Reunion zu verwenden sucht, steht Hannover wieder unter reformierter Hoheit; Ernst August von Braunschweig-Lüneburg, Johann Friedrichs Bruder, zugleich evangelischer Bischof von Osnabrück – woselbst katholische und protestantische Kirchenfürsten einander ablösen – regiert seit 1679 und wird von 1692 an die höchst zielstrebig erworbene Kurwürde tragen; seine Gemahlin, die Pfälzerin Sophie, wird zur Ahnfrau der englischen und der preußischen Könige werden. Mit Ernst August hat sich Leibniz über seine ökumenischen Pläne kaum verständigt; mochte dem Herzog auch am Zusammenhalt des Reiches gelegen sein, so ging doch für die konfessionelle Aussöhnung kein wahrnehmbarer Impuls von ihm aus. Die Herzogin Sophie dagegen, seine besondere Gönnerin, hat Leibniz über die Entwürfe und Verhandlungen unterrichtet; doch soviel ihr Interesse ihm bedeutet haben mag, uns mutet es nicht eben tiefgegründet an. Gerade auf Briefe aus Wien über die Gespräche mit dem Bischof von Wiener Neustadt hat sie mit unberührter Heiterkeit reagiert. Am 27. Juni 1688 schrieb sie an Leibniz, mit der Reunion möchte es wohl vorangehen, wenn Spinola einem ihrer jüngeren Söhne «quelque bon Eveché» zuhalten könnte, und am 24. August bat sie ihn aus Berlin um Verständnis dafür, daß die heimliche Heirat der Markgräfin Radziwill, der Tod des Großen Kurfürsten und die Geburt ihres Enkels, des Kurprinzen Friedrich Wilhelm, ihr nicht die Zeit ließen, «à mediter sur la reconsiliation des religions»; sie habe gehört, fährt sie fort, daß in den Kirchen ein vorgedrucktes Gebet noch in Geltung sei, in welchem man Gott dafür danke, «daß er uns aus der papistischen Verblendung befreit hat. Die ganze Stadt ist voll von französischen Refugianten, die ‹Anathema› schreien.»

Eben durch die Herzogin ist aber die Ausweitung der

Reunionsgespräche nach Frankreich, ist schließlich der Kontakt mit Bossuet möglich geworden. Ihre Schwester, Louise Hollandine, war Äbtissin von Maubuisson, und deren Sekretärin, Marie de Brinon, zeigte sich eifrig bereit zu vermittelndem Dienst an der Sache – zu der auch wieder die Hoffnung auf eine Konversion am hannoveranischen Hof gehörte. Durch Marie de Brinon zunächst, dann in direkter, ausführlicher Korrespondenz kam Leibniz im Herbst 1690 zum Gedankenaustausch mit Paul Pellisson-Fontanier, dem Direktor der Konversionskasse. Selbst ein ehemaliger Hugenott, zu dessen Bekehrung sich echt religiöse Motive mit den moralischen Auflagen einer nicht ganz geradlinigen Laufbahn verbunden hatten, wirkte er nun als königlicher Beauftragter für die Rückführung der französischen Protestanten zur katholischen Kirche, eine ihrerseits halb spirituelle, halb materielle Tätigkeit, wie schon der Name seiner Beamtung verrät. Seine «Reflexions sur les differends de la religion», die erstmals 1686 zweibändig erschienen, zeigen ihn als Kontroverstheologen; 1689 erweiterte sich das Werk um eine eher handfest geführte Polemik gegen Pierre Jurien. Leibniz hat beide Ausgaben in den «Acta Eruditorum» besprochen. 1691/92 kam die dritte, vierbändige Fassung heraus, in der seine eigene briefliche Diskussion mit Pellisson abgedruckt war.

Leibniz stellt in diesem Briefwechsel das Prinzip auf, daß es keine unbedingt notwendigen Glaubensartikel gebe und daß man in jeder Religion zum Heil gelangen könne, «pourvu qu'on aime Dieu veritablement sur toutes choses». Wer in der Absicht und in der Überzeugung lebe, dem Willen Gottes gefügig zu sein, der gehöre «in voto» der Kirche an; der werde in seinen Meinungen nie verstockt und daher niemals ein Ketzer sein (Anfang August [?] 1690).

Dagegen Pellisson: solches Denken verrate die tiefste Unsicherheit und öffne Tür und Tor der geistlichen Willkür. Nur die Kirche, mit all ihren unabdingbaren Glaubensartikeln, gebe die objektive Gewißheit der Gnade (4. September). Wer seine Glaubensüberzeugung von der Lehre der Kirche abweichen sehe und sie nicht aufgebe, sei Ketzer nicht nur der Sache, sondern der Form nach und könne das Heil nicht erlangen. «In voto» gehöre nicht jener zur Kirche, der auf die Sakramente verzichte, sondern der, welcher sie anzunehmen bereit sei. Die Kirche sei, das gesteht er Leibniz zu, reformbedürftig in ihrem Äussern; aber auch zu solchem Reformwerk sei nur berufen, wer in ihr stehe (Dezember). Dann kommt der Dialog auch hier zum kritischen Punkt: Leibniz bringt die These vor, das Tridentinum sei kein ökumenisches Konzil gewesen; gerade Frankreich habe seine Beschlüsse nie anerkannt; so bliebe der Weg zur Verständigung frei – für die Nationalkirchen (2. Hälfte Januar 1691). Aber Pellisson geht darauf nicht ein. Die Lehrdekrete des Tridentinums, antwortet er, seien in der ganzen Kirche angenommen worden (3. Mai). Darauf wieder Leibniz: das beweise nicht seine Ökumenizität; Frankreich habe die Glaubensartikel nur deshalb gebilligt, weil sie den bisherigen Lehren entsprächen... (17. Juni). Da erscheint am Horizont des Gesprächs die gefährlichste Klippe; an ihr wird es scheitern.

*

Inzwischen hat Marie de Brinon für Leibniz die Verbindung geschaffen zum Bischof von Meaux, Jacques-Bénigne Bossuet. Wie Pellisson anfangs, so wird auch er zunächst nicht direkt erreichbar. Er wie Leibniz richten ihre

Briefe an die fromme, ganz von ihrer Sendung eingenommene Dame, die sie an die wirkliche Adresse weiterleitet und in eigenen Episteln ihrem Wunsch nach einer Verständigung Ausdruck gibt. Nennen wir zwei weitere Nebenpersonen des Dialogs: Edme Pirot, Theolog der Sorbonne, der an Leibniz ganz im Sinne Pellissons schreibt und ihn zu den «Schafen» zählt, die bald in die Hürden zurückkehren werden (an Pellisson, 24. August 1691); und Antoine Arnauld, der schon 1684 überzeugt gewesen ist, daß Leibniz durch die eignen Anschauungen mit Notwendigkeit zur Konversion geführt werde. Aber der Hauptpartner wird nun Bossuet.

In seiner «Histoire des variations des Eglises protestantes» von 1688 hat er die Glaubensunterschiede scharf herausgearbeitet und allem Gespräch zwischen den Konfessionen ein strenges Gesetz zudiktiert. Da er nun die Schwankungen und Wandlungen in der protestantischen Theologie bloßlege, so schreibt er im Vorwort des Werkes, sollten die Gegner nicht eher wieder von solchen Wechseln im Katholizismus reden, bis sie von seinen Vorwürfen sich gereinigt hätten. Daß diese Vorwürfe aber unwiderlegbar seien, gilt ihm als sicher. So wird er Leibniz, der ihm die Reformationsgeschichte Seckendorfs übersendet, im voraus mitteilen, daß dieses Buch die Wahrheit enthalte, sofern es mit seinen «Variations» übereinstimme (10. Januar 1692). Nehmen wir voraus, dass Leibniz in seinen Briefen an Bossuet immer wieder auf innerkatholische Gegensätze verweist und so der Tendenz des Bischofs, seine Kirche den evangelischen «Sekten» als monolithische Einheit gegenüberzustellen, entgegenzuwirken sucht. Das Vorwort der «Variations» spricht aber auch von einer ökumenischen Absicht. Viele Kontroversen erschienen bei näherem Zusehen wenig bedeutend, ja hinfällig, und so bahne die Einsicht den Weg zur «Wiedervereinigung» – die freilich ganz im Sinne der Rückkehr aller Christen in die eine, sichtbare, immerwährende und in ihrer Gesamtheit unfehlbare Kirche verstanden ist.

Um seine Pläne und Ansichten klarzulegen und eine feste Diskussionsgrundlage zu schaffen, läßt Leibniz dem Bischof von Meaux eine Abschrift der noch ungedruckten «Cogitationes privatae» des Molanus zukommen, mit deren Entstehung er persönlich so eng verbunden ist; das Wirken Spinolas kann er bei Bossuet als bekannt voraussetzen. Der Partner aber macht sich in seiner tatkräftigen Weise sogleich daran, der lateinischen Schrift eine gestraffte französische Fassung zu geben – und, im Frühjahr und Sommer 1692, Gegenthesen auszuarbeiten. Da fällt nun der souveräne, aber auch konziliante Ton auf, in dem er seine abweichende, aber nur in einem Punkt völlig entgegengesetzte Auffassung der Dinge entwickelt: in der «Sententia» und den französisch geschriebenen «Reflexions sur l'écrit de M. l'Abbé Molanus». Und auffallen muß, neben der Härte, die Bossuet an der entscheidenden Wendung seiner Argumentation fühlbar macht, eine verhältnismäßige Elastizität in manchen Lehrfragen, deren die katholische Theologie sich erst im späteren Ausbau begeben hat. So kann er noch einräumen, daß die unbefleckte Empfängnis Mariä in der ganzen Kirche als ein unerheblicher Zug gelte, der nicht zum Glaubensbestand gehöre. Oder die Heiligenverehrung, der Bilderkult: da wird ein rechtes, auf katholischer Seite gereinigtes Verständnis den Dissens zum Verschwinden bringen. Im Dogmatischen liegen nicht die wichtigsten Streitpunkte, so kontrovers auch etwa die Rechtfertigungslehre noch scheint. Bossuets

Auseinandersetzung mit der Schrift des Molanus zeigt, wie im Grunde beide Parteien bestrebt sind, den Unterschied im Bekenntnis als überwindbar zu erweisen – aber nicht in derselben Absicht; die Protestanten nämlich, um einen Ausgleich über den geprüften Lehrsätzen ins Blickfeld zu rücken, die Katholiken dagegen, um die Rückkehr der Getrennten zum alten Glauben ins unbedenklichste Licht zu stellen.

Bossuet läßt die «Sententia» in eine einzige Forderung münden – «Unicum postulatum»: daß man, um den Frieden anzubahnen, nichts verlange, was Sinn und Ordnung des anzubahnenden Friedens zerrütte. Eine Selbstverständlichkeit, möchte man meinen. Aber an dieser unscheinbaren Stelle setzt Bossuet an, um den Reunionsplan aus den Angeln zu heben. Wenn man nämlich, sagt er, nach dem Wunsch der Lutheraner die Geltung vorangegangener Konzildekrete nicht anerkenne, so werde nichts die Nachwelt von der Geltung dieses neuen Dekrets überzeugen – nichts die Kirche selber dazu vermögen, ihm anzuhangen und es vor Übertretung zu schützen. Mit anderen Worten, was das Konzil von Trient über die evangelischen Lehren ausgesagt hat, muß bestehen bleiben; sonst wird bald die Autorität, die Ökumenizität jedes Konzils angezweifelt, längst überwundene Häresien erheben wieder das Haupt, und es gibt keine sichere Instanz mehr, die den Glauben der Kirche in Zukunft rein halten wird. So aber entfällt die Möglichkeit, daß ein späteres Konzil die Ergebnisse von Trient korrigieren könnte, und die Reihenfolge der Wiedervereinigung kann nicht die von Molanus empfohlene sein, sondern nur die entgegengesetzte: *Zuerst* müssen die theologischen Differenzen – unbeträchtlich, wie sie doch eigentlich waren – als beigelegt gelten, *dann* kann der Papst die Zugehörigkeit der Protestanten zur einen, allgemeinen Kirche feststellen. So sinnvoll das klingt, es zerstört das Konzept vollkommen, das wir schon bei Spinola ganz darauf angelegt sahen, den Ausgleich zunächst diplomatisch herbeizuführen, unter Berücksichtigung des protestantischen Prestiges und auch der Tatsache, daß die verschiedenen evangelischen Bekenntnisse zu einer einheitlichen Haltung gegenüber Rom erst im Laufe der Zeit hinfinden könnten. Bossuets Gegenvorschlag hat die größere Klarheit für sich; aber er nimmt auf die Lage der Protestanten nicht die mindeste Rücksicht; der Sache nach schließt er ihre Unterwerfung unter das Tridentinum ein. Es ist nicht ein Vorschlag zur Wiedervereinigung, sondern zur Konversion.

*

In den Grundzügen folgt der Briefwechsel zwischen Leibniz und Bossuet dem Muster, das der Bischof von Meaux gleichzeitig seiner Gegenschrift zu den «Cogitationes privatae» unterlegte. Aber der Austausch zielt nicht immer nur auf die Konfrontation unvereinbarer Auffassungen; er nimmt den Weg von hoher gegenseitiger Achtung über die Formen höflicher Verständnisbereitschaft zum bedauernden Verzicht auf die gewünschte Einigung. Dabei bleibt es fraglich, ob sich Leibniz oder Bossuet ein völlig wirklichkeitsgetreues Bild von seinem Korrespondenten macht. Der Bischof weiß, daß er es mit einem bedeutenden Denker zu tun hat; doch geht aus keiner seiner Äußerungen hervor, daß er den tiefen, notwendigen Zusammenhang zwischen philosophischem System und Religionspolitik, dem Leibniz folgte, erkannt hat. Anderseits hat Leibniz offenbar geglaubt, bei Bossuet mehr Sinn für eine nationale Regelung der konfessionellen Fragen voraussetzen zu können, als der Kirchenmann wirklich zeigte – oder zeigen durfte; denn um die gallikanische Autonomie wie die deutsch-französische Partnerschaft war es im damaligen Konzept Ludwigs XIV. übel bestellt, und darüber konnte Bossuet nicht hinweggehen.

Vorsichtig läßt er sich am 29. September 1691 in einem Brief an Madame de Brinon auf das Gespräch ein. In Disziplinfragen und etwa im Punkte der Kommunion unter beiderlei Gestalt halte er ein Entgegenkommen der Kirche für möglich; auch könne man die Lehre besser erklären; Leibniz möge aber verstehen, daß am definierten Dogma nicht mehr zu rütteln sei. Doch Leibniz hält daran fest, daß ein künftiges, «wahrhaft ökumenisches und also unanfechtbares Konzil» die verbindliche Entscheidung zu bringen habe (an Marie de Brinon, 17. Dezember). Darauf stellt ihm Bossuet eine Reihe von Fragen (10. Januar 1692): ob die Unfehlbarkeit nicht womöglich noch mehr in der Gesamtkirche angelegt sei als im Konzil; ob der Zweifel an der Ökumenizität eines bestimmten Konzils nicht den Zweifel an der Unfehlbarkeit der Kirche verberge; ob das Konzil von Trient nicht in allen katholischen Ländern anerkannt werde; ob das Tridentinum nicht eben nur festgelegt habe, was schon vor Luther geglaubt worden sei. Die Fragen kreisen eine von Leibniz wiederholt vorgebrachte Aussage ein: daß Frankreich das Tridentinum nur anerkannt habe, weil (und sofern) seine Lehrdekrete nichts Neues enthielten. Die nationale Differenzierung läßt Bossuet nicht gelten, und daß die Tridentiner Glaubenssätze mit der Tradition übereinstimmen, darin liegt für ihn gerade die wahre Ökumenizität des Konzils.

Die Antwort, die Leibniz (am 8. Februar) gibt, hält der gesammelten Kraft der katholischen Argumentation nicht stand; wenn er sagt, daß die Kirche sich über den «Sitz» ihrer Unfehlbarkeit (im Papst, im Konzil oder im Gesamten) selbst nicht im klaren sei, trifft er etwas Richtiges, aber nicht allzu Wesentliches. Der Grund seiner Unsicherheit könnte darin liegen, daß er dem Begriff der Unfehlbarkeit, wohl ohne es sich einzugestehen, mißtraut.

Eben auf dem «grand principe de l'infaillibilité de l'Eglise» aber baut Bossuet weiter (27. Juli); und darauf, daß der Glaube vor willkürlichen Abweichungen und Reduktionen zu schützen sei. Beachten wir, daß der gegenseitige Vorwurf bewußt schismatischen Verhaltens in der Debatte mitschwingt. Bei Leibniz, weil er die Kirche auch wohlbegründete Forderungen des Protestantismus zurückweisen sieht (an Pellisson, 19. November 1692 [?]); bei Bossuet, weil er die evangelische Seite im Gegensatz nicht nur zu Mißbräuchen und entstellenden Theorien, sondern zum orthodox überlieferten Dogma findet (2. Juli 1692). Der Rückgang Luthers auf die «simplicité de la doctrine chrétienne» ist ihm verdächtig (28. August); die wahre Einfachheit der christlichen Lehre habe stets in der einen Gewißheit bestanden: «Hier, on croyait ainsi; donc, encore aujourd'hui, il faut croire de même.» Darauf hat Leibniz, nicht nur Bossuet gegenüber (am 4. Oktober und wiederum am 29. März des folgenden Jahres), sondern auch in einem Brief an den Landgrafen (November) sehr entschieden, ja heftig reagiert. Was man dann sagen wolle, wenn es sich finde, «qu'on en croyait autrement avant-hier»? Ob man denn immer die jeweils letzten Meinungen kanonisieren müsse? der Herr habe den Pharisäern widersprochen, die da sagten «Olim non erat sic».

So nun senken sich die Schatten der Enttäuschung über das Gespräch. Eine mühsame, unfruchtbare Diskussion über die Frage, ob das Konzil von Basel den Befund des Konzils von Konstanz über die böhmischen Kalixtiner neu überprüft habe (was Leibniz behauptet und Bossuet bestreitet), zieht sich von Brief zu Brief. Gegenüber Marie de Brinon klagt Leibniz, daß Bossuet und Pellisson auf seine Gedanken nicht eingingen (13. Juli 1692), und spricht von der Unmöglichkeit, die Protestanten mit dem Konzil von Trient zu versöhnen (4. August 1692). Aber die Antworten aus Maubuisson werden ihn immer schärfer der Voreingenommenheit gegen den Katholizismus zeihen. Enttäuschung auch hier; die Aussicht auf eine bedeutende Konversion ist geschwunden. Den äußeren Abschluß der Verhandlungen bildet ein Brief Bossuets vom 19. August 1693, der die Unfehlbarkeitslehre nochmals in seinem Sinne zusammenfaßt. Daß die Diskussion auch von innen heraus erschöpft ist, geht aus den Versuchen späterer Jahre hervor, den Faden doch wieder aufzunehmen. Sogleich ist man bei den alten Themen, den alten Meinungsverschiedenheiten. Auch fehlt nun, da Pellisson am 7. Februar 1693 gestorben ist, die Verbindung zur politischen Praxis, die allenfalls neue Elemente hätte liefern können. Die Ansätze bleiben ohne Konsequenz.

Aber der eigentliche Bruch hat sich schon im Sommer 1692 vollzogen. Damals hat Leibniz in einem Brief an Bossuet (3. Juli) die Frage formuliert, vor der es kein Ausweichen gab: «ob nämlich jene, die bereit sind, sich der Kirche zu unterwerfen, die aber Gründe haben, ein bestimmtes Konzil nicht als legitim anzuerkennen, wirkliche Ketzer sind»; ob sie, mit anderen Worten, in ihrer Glaubensauffassung als «verstockt» gelten müssen. Im Schlußkapitel seiner «Reflexions sur l'écrit de M. l'Abbé Molanus» steht Bossuets Antwort: «Ich nenne *verstockt* in Sachen des Glaubens den, der unüberwindlich an seiner persönlichen Meinung hängt und sie derjenigen der Gesamtkirche vorzieht: ich nenne den einen *Ketzer,* der in dieser Weise verstockt ist.» Daß ein so hart entscheidendes Wort den Bischof von Meaux schwer ankam, dürfte man ohnehin nicht bezweifeln. Es ging für ihn um die Frage, ob um der geistigen Einheit Europas willen der feste Bestand der kirchlichen Lehre, der Kirche selbst zu gefährden sei. Der gegen Leibniz gerichtete Satz bezeugt in all seiner Schroffheit die tief verantwortliche Haltung, die Bossuet zur Verneinung, zur Absage zwang. Unmittelbar aber hat er – in einem Brief an Pellisson vom 27. Dezember – gestanden, wie sehr er sich abgemüht habe, um die beiden verletzenden Ausdrücke zu umgehen, zu unterdrücken. «Mais enfin», schreibt er, «il n'y avait pas de moyen.»

Daß Leibniz seinerseits durch solche «expressions dures» getroffen sein mußte, liegt auf der Hand, und er teilt es auch, am 28. November, Pellisson mit. Immer wieder hatte er sich im Lauf des Gesprächs auf Erasmus berufen, wie um zu zeigen, daß er den Willen zu freier Erörterung der Glaubensinhalte mit humanistischer Ruhe, nicht mit der revolutionären Leidenschaft Luthers verbinde. Nun schreibt er: «... das ist das Geschick der Gemäßigten. Man zieht aus ihrer Zugänglichkeit seinen Vorteil und weiß ihnen keinen Dank; und wenn sie dann nicht so weit gehen können, wie man will, so bereitet man ihnen wahrhaftig einen noch schlimmeren Stand als denen, die sich ganz entfernt haben.»

———

SIEBENTES KAPITEL

Denken ohne Dogma – Wurzeln des Liberalismus

> Die Offenbarung hatte seine Vernunft
> geleitet, und nun erhellte die Vernunft auf
> einmal seine Offenbarung.
>
> *Lessing*

Denken ohne Dogma? Vieles scheint hier vom Begriff des Denkens und von dem des Dogmas abzuhängen. Leicht könnte man Definitionen finden, die klar ergäben, daß ein von Dogmen vollständig befreites Denken nicht möglich sei; andere würden die Auffassung stützen, daß ein von Dogmen bestimmtes Denken kein Denken sei; wieder andere würden vielleicht eine mittlere Wahrheit zwischen diesen Positionen erkennbar machen.

Eben deshalb gehen wir nicht von einer Umschreibung der beiden Begriffe aus. (Die Annahme, daß eine von ihnen die «richtige» sei, ließe sich ohnehin nur dogmatisch begründen und würde damit unsere Frage vorweg beantworten, statt sie stellen zu helfen.) Wir suchen den Weg von einem anderen Punkt her: Was heißt es in diesem Zusammenhang, «frei» – oder «befreit» – zu sein?

Luther, in seinem «Sendbrief» an Leo X. vom 6. September 1520, erklärte: er möge «nit leiden Regel oder Maße, die Schrift auszulegen. Dieweil das Wort Gottes, das alle Freiheit lehrt, nit soll noch muß gefangen sein.» Es scheint nicht ratsam, diesen Satz auf eine strenge Logik hin zu deuten. Drei Aussagen verschiedener Art treffen in ihm zusammen: das Wort Gottes lehrt Freiheit; das Wort Gottes soll frei sein; *wir* sollen frei sein, es auszulegen. Die kausalen Verknüpfungen ergeben sich daraus, daß die «Regel oder Maße», die den Ausleger bänden, indirekt auch die Schrift, ihre Lehre, «gefangen» nähmen; umgekehrt, wer dem Ausleger vorschreibt, verrät *ipso facto,* daß er schon zuvor die Lehre «festgenommen», festgesetzt hat.

Daß die Schrift aber Freiheit, ja «alle Freiheit lehret», darin liegt nicht so sehr die Begründung dafür, daß sie selbst frei sein müsse (das müßte und muß sie auch in ihren bindenden Qualitäten sein); sondern hier, in dieser ihrer Hauptrichtung, ist der Grund dafür zu suchen, daß man «Regel oder Maße» ihren Auslegern aufgezwungen, ihr selber entgegengesetzt hat. Denn die kirchliche Autorität, für Luther zu einem «römischen Sodom und Babylon» entartet, will die Gläubigen um die ihnen von Gott zugesprochene Freiheit betrügen.

Wir fragen hier nicht nach dem Inhalt der Freiheit, welche – nach Luther – das Evangelium lehrt. Wir stellen nur fest, daß sie jedenfalls gelehrt wird, also nicht etwa Freiheit von aller Lehre sein kann. Anderseits muß ihr die Freiheit des Zugangs zur Lehre, des menschlichen Zugangs zur göttlichen Lehre, entsprechen. Wer diesen Zugang behindert, der hemmt auch – und darauf liegt der Akzent bei Luther – die göttliche Lehre selbst, die sich den Menschen mitteilen will. Wer das gläubige Eingehen auf die Heilige Schrift an Bedingungen knüpft, der macht das Wirken des Evangeliums von bestimmten Umständen abhängig, und damit greift er nach einem Recht, das dem einzigen Mittler zwischen Gott und den Menschen zusteht. So dem Gedankengang Luthers nach. Eine andere Richtung schlägt der Gedanke ein, daß die unbehinderte Annahme göttlicher Lehre ein Menschenrecht sei.

*

Es wird wohl zu wenig beachtet, daß die frühen Formulierungen solchen Rechtes zugleich eine Pflicht, und zwar eine offenbar selbstverständliche, anklingen lassen. Wenn das erste Amendment zur Verfassung der Vereinigten Staaten (1791) zwar strikt negativ die vollkommene Neutralität der gesetzgebenden Bundesinstanz gegenüber dem Glaubensbereich umschreibt («Congress shall make no law respecting an establishment of religion, or prohibiting the free exercise thereof»), so stehen dahinter weit positivere Sätze. Die Ohio-Ordonnanz (1781) erklärte die Förderung von «religion, morality, and knowledge, being necessary to good government and the happiness of mankind» zur Aufgabe des Staats. Und der letzte Artikel der Menschenrechte von Virginia (1776) definiert die Religion, deren Ausübung nur Vernunft und Überzeugung, nicht aber Zwang und Gewalt lenken dürften, als «the duty which we owe to our Creator»; die Menschen sind alle in gleicher Weise berechtigt «to practise Christian forbearance, love, and charity towards each other».

Herder, in der «Adrastea» (I, 12), rühmt die um hundert Jahre ältere Verfassung, die John Locke für Carolina entworfen hat und die festsetzt – oder festgesetzt hätte, denn sie trat nie in Kraft –, «daß jeder Einwohner Carolinas einen Gott und eine öffentliche Verehrung desselben anerkennen müsse, übrigens aber... weder Juden noch Heiden noch Andre... aus der Provinz entfernt (werden), vielmehr in ihr Gelegenheit finden sollten», für das Christentum gewonnen zu werden. «Danach sollten jede sieben oder mehrere Personen, die in einer Religion übereinkommen, eine Kirche oder Gemeinde ausmachen, der sie einen von den übrigen unterschiedenen Namen geben könnten.»

So scheint sich in der Sorge um ein menschliches Freiheitsrecht – die religiöse Selbstbestimmung – der Gedanke zu erhalten, daß es doch auch die Präsenz oder eben die Zugänglichkeit Gottes zu schützen gelte, im Staat und mit

Rechtsmitteln, wie sie der Staatsordnung dienen. Die Zugänge zu Gott sollen frei sein; und der eine, christliche, soll es betontermaßen sein; die Betonung fügt aber der Freiheit (der freien Begehbarkeit) nichts hinzu – weswegen die Church of England den Lockeschen Verfassungsplan hier als ungenügend erachtete. Doch auch in dieser toleranten und gegenüber den Bekenntnisunterschieden im Christentum sogar indifferenten Form kommt zum Ausdruck, daß der Staat seine Bürger anhalten solle, in ihrer religiösen Freiheit auch eine religiöse Verpflichtung zu sehen. Und damit verbindet sich die Idee, daß gerade ein freies Gemeinwesen der Verankerung im Religiösen bedürfe, daß es sich jedenfalls (Artikel 15 der Menschenrechte von Virginia) der christlichen Tugenden und einer «frequent recurrence to fundamental principles» zu befleißigen habe.

*

Denn die freien Handlungen des Menschen folgen, wie Thomas Hobbes (im 21. Kapitel des «Leviathan») darlegt, der «natürlichen Notwendigkeit» und damit der «Notwendigkeit, zu tun, was Gott will, nicht mehr und nicht weniger». So beruft sich der «Vater des Atheismus», den die englische Geistlichkeit im Jahr 1666 für den Brand von London und für den Ausbruch der Pestilenz verantwortlich machen wollte, in der Tat auf ein «fundamentales Prinzip». Und es gilt für ihn wie für andere Denker der Krisenzeit, die er einleitet, daß er auf dieses Prinzip im genauesten Sinn des Worts «rekurriert». Die höchste – besser nun: letzte – Instanz ist nicht mehr der Ausgangspunkt der Entwicklung eines Systems, sondern der Fluchtpunkt einer Betrachtung von Mensch und Gesellschaft und Staat. Ihren Ausgang nimmt diese Betrachtung bei anthropologischen, bei erkenntnistheoretischen Einsichten. Nirgends so konsequent und so gründlich wie in dem Werk, das sein Autor «An Essay Concerning Human Understanding» genannt hat.

Ein Unbehagen, so lehrt John Locke, erregt im Menschen den Willen zur verändernden Tat. Doch zugleich wird der Wille gelenkt durch die freie Prüfung der Lage und des möglichen Handelns; «the principal exercise of freedom is to stand still, open the eyes, look about and take a view of the consequence of what we are going to do, as much as the weight of the matter requires» (II, 21, 67). Der Grundsatz der Verhältnismäßigkeit, der in den letzten Worten angedeutet ist, hat die Ethik bis heute begleitet und sie von Moralgesetzlichkeit unterscheiden helfen. Die zentrale Aussage der schönen Formulierung liegt aber im Unausdrücklichen, vielleicht Selbstverständlichen: daß die «Ausübung der Freiheit» eine Pflicht ist und sich an *Werten* orientiert. Denn gewiß ist der Mensch auch «frei», die Folgen seines Handelns *nicht* ins Auge zu fassen; und er begibt sich damit nicht etwa seiner «Willensfreiheit» – ein Begriff, den Locke ablehnt, weil der Mensch nicht die Möglichkeit hat, nicht zu wollen (II, 21, 15 ff.); aber er bleibt sich selbst den ihm möglichen freien, d. h. *kontrollierten* Gebrauch seiner Willenskraft schuldig. Faßt er jedoch die Folgen seines Handelns einmal ins Auge, so führt ihn das notwendig dazu, zwischen günstigen und ungünstigen Folgen zu differenzieren – unter welchem Gesichtspunkt auch immer.

In dem Gedanken, daß der Mensch, wenn er sein Handeln nicht der eigenen freien Prüfung unterzieht, sich selber etwas schuldig bleibt, steckt die Voraussetzung: der Mensch sei dazu *bestimmt,* seine Möglichkeiten nach bester Kraft auszuschöpfen; und wir müssen nur, statt von *seinen* Möglichkeiten, von den *ihm verliehenen* Möglichkeiten sprechen, um auch Locke auf eine höhere Instanz «rekurrieren» zu sehen. Und tatsächlich ist menschliche Selbstkontrolle für ihn «an admonition to us to spend the days of this our pilgrimage with industry and care in the search and following of that way which might lead us to a state of greater perfection. It being highly rational to think, even were revelation silent in the case, that as men employ those talents God has given them here, they shall accordingly receive their rewards at the close of the day, when their sun shall set and night shall put an end to their labours» (IV, 14,2)…

Inwiefern es nun «highly rational» sei, auf den Empfang eines Lohns am Ende des Lebens zu rechnen, lassen wir vorläufig auf sich beruhen, um zuerst nach den Kriterien für ein richtiges Handeln zu fragen. Die höhern Erkenntnismöglichkeiten des Menschen beruhen auf Unterscheidung: Ursache und Wirkung, Gleichheit und Verschiedenheit «and other relations» auseinanderzuhalten, das macht sie aus. Zu den «other relations», die Locke behandelt, gehört «the conformity or disagreement men's voluntary actions have to a rule to which they are referred, and by which they are judged of; which, I think, may be called *moral relation*» (II, 28,4)… Auf welche Regeln wird aber das menschliche Handeln bezogen, nach welchen wird es beurteilt? Nach dem göttlichen Gesetz, nach dem bürgerlichen Gesetz und nach dem Gesetz von Meinung oder Geltung («opinion or reputation»). Am ersten dieser Gesetze scheiden sich Sünde und Pflicht, am zweiten Verbrechen und Unschuld, am dritten Tugend und Laster; dieses dritte nennt Locke auch «the law of fashion» – und hält es für das wirksamste. Denn mit Gott, wenn man sein Gebot übertritt, hofft man später wieder Frieden zu machen; dem weltlichen Gericht glaubt man sich entziehen zu können. «But no man escapes the punishment of their censure and dislike who offends against the fashion and opinion of the company he keeps and would recommend himself to» (II, 28, 12).

So würde die Konvention darüber entscheiden, was Tugenden und was Laster seien? Locke geht davon aus, daß diese Begriffe zwar solchen Handlungen zu entsprechen hätten, die ihrem eigenen Wesen nach recht oder schlecht seien. Und sofern sie das wirklich täten, stimmten sie auch mit dem göttlichen Gesetz überein. Trotzdem sei klar, daß in jeder Gesellschaft, in jedem Völkerstamm und in jedem Club «a secret and tacit consent» darüber befinde, was als Tugend und was als Laster zu gelten habe. So tritt dem absoluten Anspruch des göttlichen Rechts eine Konvention entgegen, eine örtlich und zeitlich bedingte Sondermoral. Und diese *Relativierung* der ethischen Norm *bedroht die Freiheit* des Einzelnen.

*

Wir bewegen uns im protestantischen und im angelsächsischen Wurzelbereich des Liberalismus. Ernst Troeltsch, in seiner Schrift über «Die Bedeutung des Protestantismus für die Entstehung der modernen Welt», sieht als Grundlage des neuzeitlichen Individualismus «die christliche Idee selbst von der Bestimmung des Menschen zur vollendeten Persönlichkeit durch den Aufschwung zu Gott als der

Quelle alles persönlichen Lebens und der Welt zugleich…
Es ist die hierin enthaltene Metaphysik des absoluten Personalismus, die unsere ganze Welt mittelbar oder unmittelbar durchdringt und die dem Gedanken der Freiheit, der Persönlichkeit, des autonomen Selbst einen metaphysischen Hintergrund gibt, der auch da nachwirkt, wo er bestritten und geleugnet wird.» Die Formulierung – selbst ein Zeugnis des liberalen Kulturprotestantismus, wie er um die Jahrhundertwende der atheistischen Abwertung politischer Ethik entgegentrat, aber auch vom wilhelminischen Luthertum abrückte – steht durchaus in der Lockeschen Tradition.

Doch eine allgemeine Zeitstimmung gibt sie nicht wieder. Heinrich von Treitschke hatte in seinem Aufsatz «Die Freiheit», einer mehr selbstbewußten als sachgerechten Polemik gegen John Stuart Mill und E.R. Lefèbvre de Laboulaye, über die Philosophen des 18. Jahrhunderts gelächelt, die noch gemeint hätten, «ohne Glauben an Gott und Unsterblichkeit bestehe echte Tugend nicht» – was eine kaum zulässige Vereinfachung war. «Die Gegenwart bestreitet dies», heißt es bei Treitschke weiter, «sie erklärt rund und nett: die Sittlichkeit ist unabhängig vom Dogma.» In dieser Einsicht habe sich «ein großer Teil der Denkenden von jedem religiösen Meinungsstreite zurückgezogen» und erkenne im Christentum nur noch «das unvergleichlich wichtigste Element der modernen Kultur», die aber «durch und durch weltlich» sei. Die religiösen Überzeugungen der Mitmenschen (Treitschke sagt «Nebenmenschen») könne und solle man auf sich beruhen lassen, denn: «Dies Gebiet des Glaubens ist ein Reich absoluter Freiheit.»

Das Denken des Bildungsbürgers, der sich von kirchlichen Bindungen emanzipiert hatte, ließ sich durch solche Parolen zweifellos eher auf Kurs halten als durch liberal-reformierte Zwischentöne, die noch dazu einer nationalen Färbung entbehrten. Indessen gab Treitschke mit seiner Beschreibung einer modernen, undogmatischen Toleranz unwissentlich Mill recht, der in der Einleitung zu dem Essay «On Liberty» festgestellt hatte, nur religiöse Gleichgültigkeit könne bewirken, daß Glaubensfreiheit für einmal nicht bloß proklamiert, sondern praktisch verwirklicht werde. Und wenn er anderseits beklagte, «wie unendlich schwer durchzuführen» die «Förderung einer vollkommenen Duldsamkeit der Gesellschaft gegen jegliche Meinung» sei, so schloß er sich, kaum bewußter, der Kritik Lockes am «Gesetz der Mode», der Konvention, an; mit dem Unterschied freilich, daß er die Konvention nicht etwa durch ein «recurrence to fundamental principles» überwinden, sondern in eine verbindliche Vorurteilslosigkeit umwandeln wollte.

*

Der «Essay Concerning Human Understanding» behandelt indessen eine weitere Art der Konvention – die, anders als das «Gesetz der Mode», nicht Sondergesetzlichkeit und Relativierung, sondern allgemeine Verbindlichkeit ansteuert. Wenn sich jemand, sagt Locke, die Beine, die Arme und den Rumpf eines Menschen vorstellt und daran Kopf und Hals eines Pferdes fügt, so macht er sich insoweit noch kein unrichtiges Bild; erst wenn er es «Mann» oder auch «Tartar» nennt und glaubt, daß es sich mit der Wirklichkeit oder mit der Vorstellung anderer Leute decke, ist er im Irrtum (II, 32,25). Die Richtigkeit dessen, was er sich denkt, entscheidet sich demnach – sofern er nicht auf sich selbst beschränkt bleiben will – in der sprachlichen Verständigung mit den andern; sie bestätigt sich in der Übereinkunft.

Dahinter steht von neuem der Gedanke einer unabdingbaren Kontrolle.. Die Wahrheit bedarf ihrer ebensosehr wie die Freiheit. Mein Handeln wird dadurch frei, daß ich es in Beziehung setze zu seiner Ausgangslage und zu seinen voraussichtlichen Folgen; und was ich denke, wird desto eher wahr sein, in je dichtere und deutlichere Beziehung ich es zu den formulierten Einsichten meiner Mitmenschen setzen kann. Bedeutet dies nun, daß die Wahrheit ganz eingeschlossen ist in die Übereinkunft – *nur* eine Sache der Konvention? Vor solcher Verkürzung wird sie, wie es zunächst scheint, von zwei verschiedenen Seiten her geschützt. Es gibt die Wunder, sagt Locke, «which, well attested, do not only find credit themselves, but give it also to other truths which need such confirmation». Was uns Gott offenbart, enthält in sich selber «assurance beyond doubt, evidence beyond exception» – «whether the thing proposed agree or disagree with common experience and the ordinary course of things or no». Wir müssen nur ganz sicher sein, fügt Locke hinzu (und weiß natürlich, worauf er sich damit einläßt): «we must be sure that it be a divine relevation, and that we understand it right» (IV, 16,13f.)...

Wieder fordert er also Kontrolle – und zwar, wie es scheint, Kontrolle der Offenbarung durch die Vernunft. In Wirklichkeit zielt er auf die Offenbarungs*tradition:* die erstens in ihrem Offenbarungs*charakter* und zweitens in ihrem *Inhalt* der Vernunft verdächtig sein kann. Oder entbehrlich: denn vieles ist der menschlichen Erkenntnis unmittelbar zugänglich und sicherer als durch eine Offenbarung, die erst als solche erwiesen sein müßte. Eine Lehre jedoch, die unserer klaren, direkten Erkenntnis widerspricht, *kann* nicht auf göttlicher Offenbarung beruhen; denn Gott hat uns nicht die Vernunft verliehen, um uns zu Erkenntnissen zu verhelfen, die er dann, durch «Offenbarungen», wieder umstößt. In *den* Fragen, denen wir selbst auf den Grund gehen können, ist die Vernunft ihr eigener Richter; «and revelation, though it may, in consenting with it, confirm its dictates, yet cannot in such cases invalidate its decrees; nor can we be obliged, where we have the clear and evident sentence of reason, to quit it for the contrary opinion, under a pretence that it is matter of faith…» (IV, 18, 5 f.).

Doch unser Wissen ist begrenzt; es gibt mehr Ding' im Himmel und auf Erden, als unsre Schulweisheit sich träumt – wie auch Locke noch meinte; und daß wir die Zukunft nicht kennen, wird heute noch zugegeben. In *diesen* Bereichen der Offenbarung nicht trauen, weil sie dem einen oder anderen Vorurteil widerspricht (und mehr als Vorurteile haben wir da nicht zu bieten): solche Skepsis wäre ebenso falsch wie ein Glaubensgehorsam, der die vernünftige Einsicht verdrängt; denn «such a submission as this, of our reason to faith, takes not away the landmarks of knowledge: this shakes not the foundation of reason, but leaves us that use of our faculties for which they were given us» (IV, 18, 10). Demnach schützt einerseits die uns von Gott verliehene Vernunft die Wahrheit vor Entstellungen durch religiöse Traditionen; anderseits schützt die göttliche Offenbarung sie vor der Enge, in die unsere unvollkommene Erkenntnis sie zwingen möchte. Der doppelte Schutz wird immer von Gott ermöglicht, von Menschen geübt und gilt immer zugleich der Freiheit des Urteils, welches sich selber im allgemeinen Konsens, aber auch den Konsens im Licht der Vernunft und des Glaubens prüft. Soweit John Locke.

*

Liberalismus heißt in der lehramtlichen Tradition der katholischen Kirche und in der Begriffswelt orthodox-protestantischer Glaubensgemeinschaften eine Weise des Denkens, die ohne Transzendenz auszukommen meint, Ordnungsideen und Wertmaßstäbe allein vom Gesichtspunkt menschlicher – individualistischer und materialistischer – Interessen her konzipiert und sowohl durch ihre atheistische wie durch ihre (früh-)kapitalistische Ausrichtung auch ihr Gegenstück, die kommunistische Lehre, hervorgebracht hat (wie noch Pius XI., 1937, in der Enzyklika «Divini Redemptoris» hervorhob). Diese Vorstellung entspringt einem geistesgeschichtlichen Irrtum – der zunächst einen geistesgeschichtlichen Grund hat. Seit der Mitte des 19. Jahrhunderts, oder seit der definitiven Entfaltung des Bürgertums als politisch verantwortlicher und sozial dominierender Klasse, ist der Liberalismus ein allgegenwärtiges und daher nicht mehr durchgehend nachweisbares Ferment, das man hauptsächlich in *den* Wirkungsformen erkennt, an die sich der eigene Organismus noch nicht gewöhnt hat. Je weiter sich eine Kirche, zum Beispiel, der Toleranz öffnet, desto weniger mag ihr die liberale Herkunft dieser Haltung bewußt sein, und desto mehr wird der Liberale, den sie sich noch gegenüberstehen sieht, die Züge eines intoleranten «Freidenkers» annehmen.

Im nachhinein sind wir versucht, uns darüber zu wundern, daß sich die Kirchen – und zumal die katholische Weltkirche – nicht viel schärfer und früher vom Nationalismus abgegrenzt haben, der doch im Gegensatz zum Liberalismus (mit dem er freilich Verbindungen einging) Alternativen zur Frömmigkeit und zur Andacht, wenn nicht zum Glauben des Christentums aufstellte. Von dort kam – wir sahen es – der Versuch, die Religion als das «unvergleichlich wichtigste Element» einer «durch und durch weltlichen» Kultur in die politische Einheit des Volkes mit einzufügen und dabei über konfessionelle Trennungen ebenso wie über supranationale Zusammenhänge hinwegzugehen. Doch Treitschke, um bei dem einen Beispiel zu bleiben, verband mit solch «runder und netter» Bereinigung die nicht minder robuste Erledigung eines weitern Problems, indem er jeden möglichen Zwiespalt von Gesellschaft und Staat zu einer Chimäre des (westeuropäischen) Liberalismus erklärte. Und in der Tat, die nationale Idee ließ einen derartigen Zwiespalt nicht zu. So aber schien sie auch, über alle weltlichen Prioritäten hinweg, religiösen Instanzen eine solidere Partnerschaft zu verheißen als die liberale Tendenz «de se mettre en garde contre la fureur de gouverner» – ein Wort Mirabeaus, das Wilhelm von Humboldt seinen «Ideen zu einem Versuch, die Gränzen der Wirksamkeit des Staats zu bestimmen» vorangesetzt hat.

Mit anderen Worten: das Bündnis von Thron und Altar (im weitesten Sinn) erspart der Kirche nicht die Auseinandersetzung mit dem Atheismus, aber es bietet ihr einigen Schutz vor dem Antiklerikalismus. Und um es nochmals anders zu sagen: ein kirchlich-nationaler (erst recht natürlich ein nationalkirchlicher) Modus vivendi begünstigt jene *mittleren Autoritäten*, die sich von Amts wegen eine «recurrence to fundamental principles» – sei sie nun mehr oder weniger «frequent» – angelegen sein lassen, Bürgern und Gläubigen aber ein Anwendungsschema zuweisen. In diesem Schema verbinden sich, um die Lockeschen Begriffe noch einmal aufzunehmen, Pflicht, Unschuld und Tugend einerseits, Sünde, Verbrechen und Laster anderseits zu Verhaltenskategorien, in denen göttliches Recht, bürgerliches Gesetz und konventionelle Moral sich decken sollen. Entbehrlich aber wird bei solcher Übereinstimmung der Werte die Selbstkontrolle des Einzelnen: seine Freiheit.

Hier liegt ohne Zweifel der tiefere Grund jenes Gegensatzes zwischen dogmatisch verankerten kirchlichen Autoritäten und einem Denken, das den Anspruch erhebt, sich selbst in der jeweiligen Situation der Prinzipien zu versichern, nach denen der Wille zum Handeln gelenkt werden soll. Nicht nur was «Liberalismus» *heißt*, gehört zur Geschichte dieses Denkens. Die Weigerung Luthers, sich das Verständnis des Wortes Gottes durch «Regel oder Maße» vorschreiben zu lassen, gehört zu ihr – wie immer das Luther*tum* sich zu Fragen der geistigen Freiheit später gestellt hat. Reformatorischen und wiederum angelsächsischen Quellen (und im übrigen auch einer gesamteuropäischen Zeitstimmung) entspringt dann die schon in genauerem Sinn liberale Lehre Benjamin Constants in dem Werk «De la religion», das von dem Axiom ausgeht: «Il y a en nous un principe qui s'indigne de toute contrainte intellectuelle» – was für das religiöse Leben bedeutet: «Les dogmes, les croyances, les pratiques, les cérémonies, sont des formes que prend le sentiment intérieur et qu'il brise ensuite.» Diesem Satz aber folgt eine Anmerkung, in der

Constant einen naheliegenden Einwand auffangen will: «Affirmer que le germe de la religion se trouve dans le cœur de l'homme, ce n'est assurément point assigner à ce don du ciel une origine purement humaine.» Nicht subjektive Beliebigkeit, sondern objektive Verbindlichkeit läßt den Menschen an die höchste Instanz «rekurrieren», und wenn sein Bedürfnis nach «indépendance morale» zu einer «résistance à la religion» wird, so richtet sich dieser Widerstand nicht etwa «contre la plus douce des affections», gegen die Gottesliebe, sondern «contre la plus oppressive des tyrannies», gegen kirchlichen Zwang (I, 1). Auch dies eine notwendige Verwahrung: damit nicht Antiklerikalismus umgemünzt werde in Atheismus.

*

So klärt sich schließlich die Frage, was in unserem Zusammenhang – des Verhältnisses zwischen Denken und Dogma – «Befreiung» und «Freiheit» bedeuten. Ein denkendes Leben, oder ein wirklich gelebtes Denken, nimmt Anstoß an der verwalteten Wahrheit. Es *unterscheidet:* zwischen einer Grundverpflichtung auf ein leitendes Prinzip, von der es sich nicht lösen kann, ohne richtungs- und sinnlos zu werden – und den Einzelbestimmungen, die eine gesellschaftliche Übereinkunft, ein politischer Glaubenszwang, ein kirchliches Lehramt oder irgendeine Verbindung von Dogma und Konvention aus dem Grundprinzip abgeleitet und an seine Stelle gesetzt hat. Sofern nun solch kritisches Denken christlich geprägt ist, wird es sich immer die Vorläufigkeit aller irdischen Ordnungen (auch und gerade der theologisch begründeten) gegenwärtig halten. Denn überall dort, wo «Regel oder Maße» absolut gesetzt werden, erleidet die Wahrheit eine Relativierung: und nur wo das Wahrheits*verständnis* an sich selber zu zweifeln vermag, bleibt der Wahrheits*bestand* vom Zweifel verschont.

Darum gilt, daß die Offenbarung nicht «gefangen sein» darf – und daß sie «alle Freiheit lehrt». Wer sie festlegt, festnagelt an den Punkten, auf die es – ihm – ankommt, der hindert durch solche Dogmatisierung, daß sie anders zu anderen spricht; vor allem legt er sich selber fest, statt daß er sich für das noch Unbegriffene der Offenbarung frei hielte. Das eben lehrt sie: sich nicht festzulegen, nicht festlegen zu lassen auf die Verbindlichkeiten, in denen man sie zu begreifen, mit denen man sie zu bezeugen meint. Sie allein ist verbindlich: für ein Denken, das sich sein eigenes, fragwürdig-vorläufiges Zeugnis abverlangt.

Warum aber (wir behielten die Frage zurück) soll es «highly rational» sein, am Ende eines Lebens, das wir im selbstkontrollierten Gebrauch der von Gott verliehenen Seelen- und Geisteskräfte verbracht haben, auf einen – Locke meint: himmlischen – Lohn zu rechnen? In unserem Kontext kann das nur heißen, daß es «highly rational» ist, *keinen anderen* Lohn zu erwarten. Denn ein Denken, das sich selbst vom «Gesetz der Mode» befreit und die Wahrheit frei halten will von den Lehrentscheidungen geistlich-weltlicher Machtträger, wird bei keiner Ideologie mehr Handgeld nehmen können. Ideologie: die je nachdem kirchlich, politisch, gesellschaftlich anerkannte Form einer dogmatisierten Teilwahrheit. Gegen sie steht am Ende der abwägend-umsichtige Gebrauch der Vernunft, von dem «in the days of this our pilgrimage» ein wenig Licht ausgeht.

ACHTES KAPITEL

«Dem Staate liegt daran» – ein Satz aus «Fidelio»

«Fidelio», erster Akt, fünfter Auftritt. Der Gouverneur hat dem Kerkermeister einen Geldbeutel zugeworfen und auf die naheliegende Frage «Was soll ich?» mit einem einzigen, leise gesungenen Wort geantwortet: «Morden!» Und es beginnt der sehr kurze Kampf zwischen Pizarro und Rocco, der mit einem Ausgleich endet: Töten wird der Gouverneur den Häftling selbst, aber Rocco schickt sich – was wichtiger ist – in das offenbar Unvermeidliche, er wird Florestans Grab schaufeln, wo niemand es finden kann, und er wird schweigen. Ist er zu solchem Verhalten gezwungen? Einigermaßen; Pizarro hat ihn fest in der Hand, von der Umwelt ist der Kerkermeister kaum weniger abgeschnitten als die Gefangenen; und daß dem Gouverneur eine Untersuchung droht, in der er selbst ihm gefährlich werden könnte, weiß Rocco noch nicht. Anderseits zeigt auch ihm der gefüllte Geldbeutel – nach Pizarros Wort eine bloße Anzahlung –, daß der Gouverneur hier doch nicht die Sicherheit hat, nur befehlen zu können. Pizarro befiehlt zwar, aber er zahlt auch, und er tut noch ein übriges: er argumentiert.

Sein Argument ist dürftig und unheimlich. Er sagt:

«Wir dürfen gar nicht säumen;
Dem Staate liegt daran,
Den bösen Untertan
Schnell aus dem Weg zu räumen.»

Rocco weiß natürlich, daß dies Unsinn ist. Florestan kann so «böse» sein, wie er will, er hat nicht die leiseste Möglichkeit, jemandem zu schaden, es sei denn dem Gouverneur, als lebendiger (oder dereinst noch toter) Beweis «willkürlicher Gewalt». Aber es geht auch nicht eigentlich darum, den Kerkermeister von der Richtigkeit der geplanten Aktion zu überzeugen; sondern es kommt allein darauf an, Rocco die Formel zu geben, die seine Komplizenschaft an eine Ordnung zu knüpfen scheint. «Dem Staate liegt daran», lautet die Formel. Warum auf einmal «dem Staate»? Es ist in «Fidelio» die Rede vom König, von seinem Minister, jenem «Deus ex machina», der schon unterwegs ist auf der Straße von Sevilla…, also von Personen, Verantwortungsträgern. Aber Pizarro versucht nicht, seinem Untergebenen weiszumachen, dem König liege an der Beseitigung Florestans. Auch der Name des Opfers kommt nie über seine Lippen. Anonym und unbeweisbar läßt er den Zwang zur Vernichtung sich bilden und über den seinerseits in die Anonymität gestoßenen Feind kommen.

*

«Fidelio» ist nicht in erster Linie ein politisches Drama. Heldenhafte Gattentreue ist das Hauptthema des Werks. Aber der politische Kontext der Handlung hat seinen eigenen Stellenwert. Deutlich treten auseinander: die Gewalt im Namen einer unkontrollierbar-übermächtigen Instanz – des «Staates» – und das sichtbar geübte, persönlich verantwortete Regiment. Der geistesgeschichtliche Ort einer solchen Konfrontation liegt beim Abschied vom Absolutismus – bei einem etwas verfrühten Abschied, wie die erste Reaktion der Wiener Zensurbehörde erkennen läßt.

Goya-Stimmung prägt die Szenen bis zu der Wendung, die den Sieg der Gerechtigkeit bringt. Was heißt hier Gerechtigkeit? Die Ablösung anonymer durch nam-hafte Herrschaft, des «Staats» durch den König. Das Drama endet nicht mit der Ausrufung der Republik, dazu besteht – von der Zeitsituation ganz abgesehen – kein Anlaß; wohl aber endet es mit der Begegnung zwischen dem Amtsträger und dem Volk, einer klärenden und öffentlich die Lage ordnenden Begegnung. Maßgeblich bleibt des Königs «Wink und Wille», aber der Vollzug ist nachprüfbar geworden.

Dabei muß man sich nicht weiter aufhalten: wie selbstverständlich den Wiener Autoren auch in den Jahren des nachrevolutionären Umbruchs in Europa der monarchische Rahmen noch war. Die Staatsform ist – wie sonst noch oft – nicht das Entscheidende. Entscheidend ist vielmehr, daß jener Satz, wonach das königliche Ich der Staat sei, nicht umkehrbar sein darf; daß man, statt glauben zu müssen, woran «dem Staate liegt», sehen kann, wie es der König meint. So beginnt die Gerechtigkeit: nicht damit, daß im «Namen» des Staates besser befohlen und argumentiert wird, sondern daß einer dafür einsteht; einer – oder eine große Zahl; da es ja auf die Staatsform nicht ankommt.

Wollte man also aus «Fidelio» eine Doktrin ableiten, so müßte es die der Humanisierung aller Verhältnisse sein. «Es sucht der Bruder seine Brüder» und so weiter – die Großartigkeit liegt gewiß nicht im Wortlaut der Proklamation; sie liegt in der Schwungkraft, die Beethoven einem Prinzip verleiht, einem politischen Prinzip, das im Leben der Völker seither an Bedeutung immer gewonnen hat und noch gewinnt. Denn auch im modernen Rechtsstaat, gerade in ihm, hängt alles an solcher Sichtbarkeit der Entscheidung und schon der Willensbildung, die Tag für Tag den Zug zur entmenschlichten, anonymen Instanz überwinden muß. Tatsächlich scheint dieses Humanisierungsprinzip einen Vorrang vor Fragen der Staatsform weiterhin zu behaupten; da denn ein diktatorisches System die Anonymität der Willensbildung personifizieren kann, ohne sie aufzuheben; und da auch die Übernahme demokratischer Einrichtungen die Transparenz des politischen Geschehens an sich noch nicht garantiert.

*

«Dem Staate liegt daran»: diesem unbeglaubigten Argument und seinem Gebrauch wirkt entgegen, was sich im Lauf der Zeit an Bereitschaft zu persönlichem Einstehen für öffentliches Handeln entwickelt hat. Aber auch an Bereitschaft, solche Art des Dienstes anzunehmen. Denn die Willensbildung, ob sie sich nun auf etwas mehr oder weniger breiter Grundlage vollzieht, muß nicht allein kontrollierbar sein, ihre Kontrollierbarkeit muß benützt und gewürdigt werden. Der weißgekleidete Opernminister hat es leicht, er kommt daher, von Sevilla, das Volk kniet nieder und singt: «Heil sei dem Tag, Heil sei der Stunde!» Dergleichen begibt sich im Alltag, gerade des Rechtsstaates, eher selten. Aber auch hier sind die Amts-, die Verantwortungsträger darauf angewiesen, daß erkannt wird: nicht «dem Staate» liegt daran, sondern sie selbst treten ein dafür, was geschieht. Sie könnten sonst ihrerseits auf die Version vom Staat, der alles bestimme, zurückkommen; und dabei könnte dann auf die Dauer auch ihr Niveau sinken, theoretisch gesprochen.

Mit andern Worten: Die Gefahr, die einer humanen Ordnung aus dem Appell an eine anonyme Staatsgewalt zu erwachsen droht, wird nicht nur von wirklichen oder vermeintlichen Pizarros heraufbeschworen; sie verbirgt sich zuzeiten noch eher in der Tendenz, persönliche Verantwortung der Staatsdiener zu ignorieren und die Gesamtheit derer, die öffentlich wirken, als anonyme Macht abzustempeln. Die Entmenschlichung der Politik wird dann gerade von jenen gefördert, welche sie zu entlarven vorgeben. Wechselt Pizarro da die Partei? Das Wort «Dem Staate liegt daran» verwandelt sich aus einem zynischen Freipaß des verantwortungslosen Gewalthabers in eine ebenso zynische Chiffre, mit der die Funktionen des Gemeinwesens «ohne Ansehen der Person» belegt und diskriminiert werden. Dem Amtsträger wird zuletzt nur noch zugebilligt – oder, in letzter Konsequenz, vorgeworfen –, daß er sich mit «dem Staate» gleichsetzt oder bloß gleichsetzen läßt. Die Rolle, die ihm so noch bliebe, wäre die des Rocco.

«Fidelio» ist, von dem Thema her gesehen, das wir hier herausgegriffen haben, eine große Behauptung – die auch mehrmals ausgesprochen wird. Nämlich, daß es eine Gerechtigkeit gebe. Aus dem Text geht hervor, daß die göttliche Gerechtigkeit gemeint ist; aber die «Fidelio»-Handlung stellt dar, wie sie sich unter Menschen verwirklicht: gerade im «Ansehen der Person». Die Gerechtigkeit setzt sich dort ins Werk, wo die Namen genannt werden – wo der Verfolgte endlich erfährt, wer ihn vernichten will; wo die Retterin sagt, wer sie ist. Die persönliche Beglaubigung tritt an die Stelle anonymer Verfügung, und so wird der Weg zu humaner Ordnung geöffnet.

—

NEUNTES KAPITEL

Das historische Verstehen – Jacob Burckhardt

Das 19. Jahrhundert hat seine Historische Schule und seine Spätromantik; seine Kulturkritik, seine Kunstbetrachtung; es hat seinen Atheismus und seine Prophetie. Nicht «inmitten», doch in einem Schnittpunkt dieser Kraftströme steht Jacob Burckhardt.

Der Standort ist Basel, ein Leben lang. Mehr Schnittpunkt als Zentrum auch diese Stadt. Begegnung, Kampf der Völker haben sich vor ihren Toren zugetragen und, in der gereinigten Form eines Konzils, in ihren Mauern. Das romanisch-germanische Spannungsverhältnis hat hier von jeher eine schärfere Note als etwa in Bern, wo der Ausgleich in der burgundischen Zwischenwelt fortlebt und die Gesellschaft auf adlig-ländlichen Verstrebungen ruht. Das historische Basel ist städtischer als die anderen Schweizer Städte; dazu rheinwärts orientiert, Elsaß und Schwarzwald als Nachbarschaft, nicht als Ausland vor Augen; umgekehrt eine Pforte zum Süden.

Die Reformation hat den Charakter dieser Polis entscheidend geprägt; auch wieder in besonderer Weise. Der geistige Boden war hier humanistisch aufgelockert wie sonst an wenigen Stellen nördlich der Alpen. Die neue Lehre verdrängte zwar Bischof und Fakultät und mit ihnen den aufgeklärten Katholizismus, den Erasmus verkörperte; aber sie ließ das italienisch befruchtete Studienwesen, das auch der Buchdruck in Basel befestigt hatte, fortleben. Nirgends hat in der protestantischen Schweiz der Bezug zur Antike so lange vorgehalten wie hier.

Urban, humanistisch, evangelisch-reformiert: dazu fügen sich wie von selbst die gesellschaftlich-politischen Formen einer aristokratisch gelenkten Republik. Und so stellt sich der historische Hintergrund eines Mannes dar, welcher aus einer um Staat und Wissenschaft gleich verdienten, durchaus zur Oberschicht gehörigen Familie stammte, Sohn des Antistes – Münsterpfarrers und Oberhauptes der baslerischen Geistlichkeit – war und die Schulen der Stadt durchlaufen, die älteste Universität des Landes besucht hatte.

Wenn man im Zusammenhang mit Burckhardt «historischer Hintergrund» sagt, so sagt man wohl mehr, als das Wort sonst meint. Denn die Lebenssphäre hat sich bei ihm nie vom Überkommenen gelöst – was aber kein unkritisches Verhältnis zum eigenen Erbe anzeigt. Burckhardt hat nach seiner Studienzeit die Vaterstadt nur noch einmal, von den Erziehungsbehörden brüskiert, verlassen und wenige Jahre am Polytechnikum in Zürich doziert, um zurückzukehren, sowie sich der Weg an die Universität und an das Gymnasium ehrenvoll auftat; er hat 1872 den Ruf nach Berlin, als Nachfolger seines Lehrers Ranke, nicht angenommen. Sein Freundeskreis blieb im Kern zeitlebens der baslerische, wie er sich aus den Jugendgefährten gleichartiger Herkunft, wenn auch wohl anderer, etwa kaufmännischer Richtung gebildet hatte. Und seine politischen Anschauungen spiegelten bis zuletzt das Vorbild des alten, geschlossenen Stadtstaats, der in den Fluten der skeptisch beurteilten Demokratie und der früh erahnten Massengesellschaft versank. Solcher Konservativismus war im übrigen durchaus noch überbietbar. In den Briefen Johann Jakob Bachofens erscheint Burckhardt als Schöngeist, der die Gunst eines breiten Publikums sucht und dessen Verkehr mit einfachen Leuten seiner Nachbarschaft dem gebotenen Standesbewußtsein zuwiderläuft.

Der Vergleich mit Bachofens aggressiver Zeitkritik mag auch verdeutlichen, welchen Unterschied es macht, wenn sich einer «vor der Welt / Ohne Haß verschließt». Aber es bedarf des Vergleichs nicht einmal, denn die Zeugnisse sprechen deutlich genug dafür, wie Pessimismus und Resignation bei Burckhardt durch eine ursprüngliche Geselligkeit und durch einen feinen, stillen Lebensgenuß wo nicht aufgewogen, so doch entscheidend gemildert wurden.

Indessen ergab sich aus dem sicheren Bezug zum Herkommen einerseits, aus der kritischen Distanz zur Gegenwart anderseits jene ungemeine Freiheit der Betrachtung, welche auf jeder Seite von Burckhardts Werk ausgedrückt ist. Von materiellen Sorgen nie angefochten, von Krankheit bis ins hohe Alter verschont, mit seinen Büchern, Zeichnungen, Fotografien, mit dem Klavier «ganz allein und beinahe glücklich»; dabei ohne die Prätention eines weltentrückten Gelehrten, eines einsamen Weisen, vielmehr von radikaler Bescheidenheit, in die sich ein Hauch von List mischen konnte – «bene vixit qui bene latuit» – so hielt er seine völlig eigene Umschau unter den Erscheinungen der Geschichte.

*

Jacob Burckhardt hat weder «Geschichtsphilosophie» noch «Kunstwissenschaft» getrieben. Er war Historiker – so banal diese Feststellung klingen mag. Sein Weg wurde ihm früh von dem Freiburger Gelehrten Heinrich Schreiber, dann in Berlin von Ranke und Franz Kugler gewiesen: ein Weg zu anschauungsgesättigten Studien und zu den Quellen, den Texten. Mittelalterliche Baukunst beschäftigte ihn – im Basler Münster hatte sie der Knabe vor Augen, und schon hier wurde sie ihm zum Gegenstand antiquarischen Forschens. Und die Annalen traten neben die Denkmäler.

Burckhardts Dissertation über Karl Martell, mit der er 1843 in Berlin promovierte, verrät nichts von der künftigen Meisterschaft; auch nicht viel vom methodischen Reichtum, den ihm die Lehrjahre mitgaben. Man bleibt für die Berliner Zeit, für das Bonner Semester auf die Briefe verwiesen, welche bereits den unbefangenen, beiläufigtreffsicheren Stil zeigen, der über Jahrzehnte hin nicht den Übermut, aber die Frische bewahren wird, – und die Vielseitigkcit seiner Beobachtung und Lektüre.

Man lernt bei Burckhardt allerdings so wenig wie bei irgendwem, wie ein Historiker entsteht; man lernt nur, und bei ihm nun wieder besser als bei irgendeinem anderen, *daß* er entsteht, daß er nicht gemacht wird. Das Fach – wenn es eines ist – beruht nicht auf Ausbildung, sondern auf Bildung; seine wirklich eigenen Methoden kommen zustande durch eine Steigerung der persönlichen Sensibilität. Für keine Wissenschaft ist so sehr, wie für diese, alles Vorbereitung: jeder künstlerische Eindruck, jeder gesellschaftliche Anlaß, jede menschliche Beziehung. Es besteht kein Kausalzusammenhang – meines Wissens – zwischen Burckhardts Besuchen bei Bettina von Arnim oder seiner Freundschaft mit Gottfried Kinkel und der 1853 erschienenen *Zeit Constantins des Großen,* seinem ersten Buch. «Nur» die Lebendigkeit dieses Werkes erklärt sich aus der literarischen und politischen Anteilnahme des jungen Geschichtschreibers; von seiner Kenntnis der bildenden Kunst nicht zu reden.

Immerhin liegen zehn Jahre zwischen dem so bereicherten Studium und der Vollendung der ersten Hauptarbeit: die akademischen Anfänge an der Heimatuniversität, die gleichzeitige Tätigkeit bei der «Basler Zeitung», vor allem Studienaufenthalte in Italien und Berlin, dann die Rückkehr, 1848, die Burckhardt endgültig ins Lehramt führte. Schwerpunkte bilden in dieser Zeit: die kunstgeschichtlichen Bestandesaufnahmen für Kuglers Handbücher; Forschungen zur Gegenreformation in der Schweiz; und etwas, das man nicht gut als «Schwerpunkt» bezeichnen kann, weil es ein langsames inneres Geschehen, ein gewichtiges freilich, ist – die Hinwendung zur Kulturgeschichte.

Burckhardt hat es ausdrücklich abgelehnt, die Frage einer Priorität von politischer oder Kulturgeschichte zu erörtern. An der Universität wie am Gymnasium hat er zunächst und zumeist allgemeine Geschichte im gängigen Sinn gelehrt und in seinen Vorlesungen die politischen Ereignisse zu ihrem Recht kommen lassen. Das kunsthistorische Kolleg blieb davon klar getrennt – später begonnen, länger fortgeführt; und von beidem war wieder getrennt das schriftliche Werk mit seinen weit überwiegend kulturgeschichtlichen Themen; wobei aber nie zu vergessen ist, daß Burckhardt den Publikationen geringeren Wert beimaß als der Lehrtätigkeit. – Doch was heißt nun «Kulturgeschichte»?

In der Vorrede zur *Zeit Constantins des Großen* sagt Burckhardt, es handle sich «nicht um eine Lebens- und Regierungsgeschichte Constantins, ebensowenig um eine Enzyklopädie alles Wissenswürdigen, was sich etwa auf jene Zeit bezieht; wohl aber sollten die bezeichnenden, wesentlichen charakteristischen Umrisse der damaligen Welt zu einem anschaulichen Bilde gesammelt werden». Und er hebt weiter hervor, er habe das Buch «nicht vorzugsweise für Gelehrte geschrieben, sondern für denkende Leser aller Stände, welche einer Darstellung so weit zu folgen pflegen, als sie entschiedene, abgerundete Bilder zu geben imstande ist». In der Vorrede der zweiten Auflage (1880) heißt es dann, «nicht sowohl eine vollständige geschichtliche Erzählung als eine kulturhistorische Gesamtschilderung» der Epoche sei das Ziel des Verfassers gewesen.

In beiden Texten verbindet sich die Abwehr gegen einen bestimmten Vollständigkeitsanspruch mit einer Tendenz zum gleichwohl Umfassenden. Nicht alles soll dargestellt werden, sondern das Ganze. Die lückenlose Wiedergabe der politischen Ereignisse, aber auch der Fakten aus anderen Bereichen würde gerade nicht jener Gesamtcharakteristik, auf die es hier ankommt, dienen. Entscheidend ist vielmehr, daß jeder Bezug, der das menschliche Leben in einem Zeitalter auf besondere, kennzeichnende Weise bestimmen hilft, anschaulich zur Geltung kommt. Und so gehört zu dieser Form der Geschichtschreibung wesentlich auch eine Übersichtlichkeit, damit aber eine Auswahl aus der Summe der Erscheinungen, wie sie zugleich einem breiteren Publikum das Verstehen ermöglicht. Kulturgeschichte ist populär – bis zu einem gewissen Grad; und Burckhardts Vorträge, seine Bücher und größeren Aufsätze sind sehr genau auf das Fassungsvermögen der gebildeten Schichten, damals und dort, abgestimmt.

*

Über Burckhardts Arbeit wie über seinem Leben steht der vergilische Ausruf «Italiam, Italiam!» mit großen Lettern geschrieben. Das heißt zwar nicht, daß er sich in seiner wissenschaftlichen Orientierung dem einen Lande verschrieben hätte. Frühe Reisen führten ihn nach Belgien, nach Paris, das er wiederholt besucht hat. Zu London faßte er eine tiefe Sympathie. Berlin bedeutete ihm viel; und die übrigen deutschen Museumsstädte, einschließlich Wiens, hat er nicht vernachlässigt. Doch seine Briefe lassen in keinem Lebensabschnitt einen Zweifel daran, daß ein ganz ursprüngliches Zugehörigkeitsgefühl ihn mit Italien und den Italienern verband; und in seinem Werk hält sich die Auseinandersetzung mit italienischer Kunst und Kultur unstreitig an erster Stelle. Das verbindet Burckhardt mit einer Tradition, die – um nicht allzuweit auszugreifen – von Gibbon und Winckelmann zu Goethe und Chateaubriand, zu ihm selbst und zu Gregorovius, von Niebuhr zu Ranke und in die preußischen und katholischen Verzweigungen der deutschen Altertumskunde, aber auch durch die französischen Schulen der Maler, Archäologen und Kirchenhistoriker bis auf unsere Zeit reicht. Und gerade innerhalb dieser Traditionen steht er an einem Schnittpunkt.

Unmittelbar auf die Interessen des breiter werdenden Stroms deutschsprachiger Bildungsreisender ging er ein, wenn er es unternahm, im *Cicerone* eine «Anleitung zum Genuß der Kunstwerke Italiens» zu bieten. So wie er es nicht verschmähte, für den damaligen «Brockhaus» unzählige kunstgeschichtliche Artikel zu schreiben, so diente er dem Publikum auch mit diesem nach Gattungen, Zeitaltern, Künstlern und Standorten gegliederten Katalog der Sehenswürdigkeiten – der freilich ohne Bedenken zum ästhetischen Urteil vordringt und hier das Persönliche nicht verleugnet. Der systematische Überblick, wie ihn der Schüler Kuglers vermittelt, hat sich vom klassisch-romantischen Reisebericht fortentwickelt und bewahrt doch etwas von dessen Stimmung. – Nun verbindet sich aber mit der rastlosen Aufarbeitung des kunstgeschichtlichen Materials eine ungewöhnliche Aufmerksamkeit für die Aktualität. Burckhardt hat das Risorgimento miterlebt, er hat die politischen Veränderungen gleich scharf gesehen wie die gesellschaftlichen Konstanten und hat sich in der italienischen Psychologie ausgekannt wie wenige transalpine Beobachter.

Und eben darin tritt wieder der Zug zur Gesamtbetrachtung hervor, durch den sich die Kulturgeschichtschreibung realisiert. Im *Constantin* sind die Wahrnehmungen von den verschiedensten Gesichtspunkten her auf die Individualität einer Übergangszeit, auf die Ablösung der antiken durch die christliche Welt gerichtet. Nun wird die Thematik noch vielschichtiger und gewinnt zugleich eine erlebnishafte Dimension, da sich der Genius eines Landes mit dem Genius eines Zeitalters verbindet. Wieder geht es um einen Epocheneinschnitt, aber diesmal um einen, der sich in seinen Leistungen volle Präsenz im europäischen Bewußtsein, volle Anschaulichkeit für Gebildete wie für Gelehrte, volle Bedeutsamkeit für modernes politisches Streben bewahrt hat. Burckhardt hat diese Wende, die Jahrzehnte um 1500, in seinem berühmtesten Werk beschrieben, das dennoch mit Recht den Untertitel trägt: «Ein Versuch».

Die *Kultur der Renaissance in Italien,* 1860 erschienen, gehört wie Tocquevilles *De la Démocratie en Amérique* zu den Büchern, die ihren Gegenstand rein durch die Kraft der

Interpretation in Besitz nehmen und nicht mehr loslassen, mag sich die Forschung auch weiterentwickeln und sich – von so großen Entwürfen doch immer behelligt – allmählich ein anderes Bild der Sache erarbeiten. Formeln wie «Der Staat als Kunstwerk», Themen wie «Entwicklung des Individuums» oder «Die Entdeckung der Welt und des Menschen» haben das Verständnis der Renaissance über viele Jahrzehnte hin gelenkt und geprägt, sind durch Diltheys differenzierende Untersuchungen hindurch lebendig geblieben, haben in Italien selbst den Blick für das Zeitalter Machiavellis und Leonardos entscheidend geschärft. Überhaupt gewann dieses Werk europäische Ausstrahlung. Das Geheimnis seines Erfolgs ist aber bei der unvergleichlichen Sicherheit des Auswählens, Darlegens und Erklärens zu suchen, die mit einer Art von lockerer Strenge im Skizzenhaften das Gesamtbild glaubwürdig macht.

Mit Bedacht hat Burckhardt erst dem dritten Abschnitt den Titel gegeben: «Die Wiedererweckung des Altertums». Was für das Selbstverständnis der Epoche, aber auch für die historiographische Deutung im 19. Jahrhundert im Vordergrund stand – das Auferstehen antiken Denkens nach der verfinsterten Wegstrecke einer «mittleren» Zeit –, ließ er zurücktreten hinter die originalen Züge des staatlichen und gesellschaftlichen Lebens, der Gesittung, des Glaubens, der Reflexion, die sich *auch* aus dem Mittelalter, aus den «Wurzelspitzen» des neuen Geistes, wie Rudolf Stadelmann später gesagt hat, herleiten. Da aber Burckhardt den Zeitgeist aus den schriftlichen Zeugnissen zu gewinnen suchte und überdies das Schrifttum als solches behandelte, nahm seine Darstellung weithin literaturgeschichtliches Aussehen an; es ist später Huizinga mit seinem *Herbst des Mittelalters* und Willy Andreas mit *Deutschland vor der Reformation* nicht anders ergangen. Dem Gehalt nach überwiegt das Ästhetische trotzdem nicht; und daß gegenüber der Literatur die bildende Kunst in dem Werk anscheinend zu kurz kommt, liegt zwar teils an dem Vorrang, den die schriftlichen Quellen immer vor allen andern bewahren, teils aber auch an der Absicht Burckhardts, das Buch durch eine eigentliche Kunstgeschichte der italienischen Renaissance zu ergänzen.

Diesen Plan hat er für seine zeitgenössischen Leser nur insoweit realisiert, als er in den folgenden Jahren aus dem kunstgeschichtlichen Material die Notizen zur Architektur herauslöste und im Rahmen von Kuglers *Geschichte der Baukunst* erscheinen ließ. Seine Aufzeichnungen über Malerei und Plastik behielt er zurück; nach zwei Jahrzehnten nahm er sie wieder hervor, um in größeren Aufsätzen zur Geschichte des Altarbilds, des Porträts und der Sammler drei Lieblingsthemen gesondert zu bearbeiten und das übrige unter dem Titel *Randglossen zur Skulptur der Renaissance* zu vereinigen. Diese Altersschriften sind nach Burckhardts Tod, die ersten drei auf seinen Wunsch als *Beiträge zur Kunstgeschichte von Italien,* die *Randglossen* erst von Heinrich Wölfflin in der Gesamtausgabe ediert worden. Wenige haben sie gelesen; und auch das Buch über die Baukunst hat wohl den Architekten als Fundgrube gedient, aber den Weg in die weitere Öffentlichkeit nicht gefunden. Und doch läßt nur die Gesamtheit all dieser Texte das Burckhardtsche Bild der italienischen Renaissance in seinen wirklichen Ausmaßen und in seinem inneren Zusammenhang sehen.

Die Bedeutung eines Buches wie *Die Baukunst der Renaissance in Italien* wird uns heute durch hundert Jahre

Kunstgeschichtschreibung verdeckt. Sie liegt aber in der konsequenten Umorientierung von der *Künstler*geschichte – die letztlich auf die Renaissance selbst, auf die Porträtgalerie des Vasari zurückging – zur *Stil*geschichte. Im Vorwort zur zweiten Auflage betont Burckhardt selbst diese Ausrichtung. «Der Verfasser glaubte, es sei wünschbar, daß neben die erzählende Kunstgeschichte auch eine Darstellung nach Sachen und Gattungen trete, gleichsam ein zweiter systematischer Teil, wie dies seit Winckelmann mit der Kunst des klassischen Altertums geschehen. Es ergeben sich bei einer solchen parallelen Behandlung des Zusammengehörenden manche Resultate, welche die nach Künstlern erzählende Geschichte nicht zu betonen pflegt. Die Triebkräfte, welche das Ganze der Kunst beherrschen, die Präzedenzien, von welchen der einzelne Meister bei seinem Schaffen bedingt war, treten hier in den Vordergrund...» Nun zielt das Wort «systematisch» freilich nicht auf irgendwelche Kunsttheorie, als würde der Grundbezug zur Kunst als einer geschichtlichen, entwicklungsmäßigen Erscheinung aufgegeben. Die Methode jedoch, mit der Burckhardt den Überblick gewinnt, den Stoff ordnet, ist eine Klassifizierung nach Bautypen, nach «Baugesinnung» und «Formenbehandlung», nach Dekorationselementen. Darin folgt er in der Tat dem Beispiel der antiken Kunstgeschichte, leistet aber eine radikalere Abstraktion von der viel faßbareren Künstlerpersönlichkeit und wirkt dadurch wegweisend für eine weitläufige Disziplin.

*

«Die Triebkräfte, welche das Ganze der Kunst beherrschen, die Präzedenzien, von welchen der einzelne Meister bei seinem Schaffen bedingt war...» Bis in das kunsthistorische Alterswerk – bis zu der einzigen Monographie, die Burckhardt geschrieben hat, zu den *Erinnerungen aus Rubens* – leitet ihn diese Thematik. Die überindividuellen Triebkräfte und Bedingtheiten sind es aber auch, die den Historiker Burckhardt vor allem beschäftigen. Wenigstens scheint es so. Denn das bleibt immer zu bedenken (mag es auch oft vergessen werden), daß wir von seinem Umgang mit der Geschichte nicht allzuviel wissen. Von der Hauptmasse seiner Arbeit ist nur allmählich einiges ans Licht gekommen: in den kaum edierbaren Notizen, die Werner Kaegi, der Biograph Burckhardts, referierend ausgewertet hat; in Ernst Zieglers Versuch, «Jacob Burckhardts Vorlesung über die Geschichte des Revolutionszeitalters in den Nachschriften seiner Zuhörer» faßbar zu machen (1974). Ein «Kursus» ist seinerzeit aus dem Nachlaß veröffentlicht worden: die *Weltgeschichtlichen Betrachtungen.* Und in der Gesamtausgabe ist eine Anthologie aus den Manuskripten unter dem Titel *Historische Fragmente* erschienen. Beide Texte tragen grundsätzliches, theoretisches Gepräge und vermitteln keinen unmittelbaren Eindruck von Burckhardts Darstellung der Ereignisse. Auch die publizierten Vorträge und Aufsätze lassen in ihrer jeweiligen Abrundung nicht darauf schließen, wie der Gang des Berichts im Kolleg, Stunde für Stunde, verlief.

Wie anders als bei Ranke... Dort würde niemand hinter die großen Erzählungen zurückfragen wollen, die das gedruckte Œuvre ausmachen: sie decken den ganzen Bereich der Forschung und der Lehre, werden nur gegen die damalige Moderne hin spärlich; sie geben bis ins einzelne zu erkennen, wie der Geschichtschreiber das Voranschreiten der Entwicklungen auffaßte, wie er die «mächtigen Kräfte» einander zuordnete, die er bald als überpersönliche Impulse, bald in bedeutenden Gestalten erscheinen sah – stets aufeinander bezogen im Zeichen eines höheren Sinns. Gegensätze, die sich letztlich aufheben oder die sich durch den Wechsel der Situationen in einer Art schwebenden Ausgleichs halten, immer schon auf dem Weg zur Synthese sind: aus ihnen lebt die ruhige Bewegtheit von Rankes Prosa. Ein der Sache sicherer Erzähler – das war Burckhardt nicht; und es wird kein Zufall sein, daß die *Weltgeschichtlichen Betrachtungen,* das Kernstück seines historischen Werks, ein Buch der Reflexion und der einzeln geführten Gedankengänge, des Fragens, des Zweifels ist.

«Zeit und Mensch treten in eine große, geheimnisvolle Verrechnung», heißt es in dem Abschnitt über die Individuen und das Allgemeine. Ein sehr bezeichnender Satz. Er spricht Burckhardts Respekt vor den nicht näher ausdeutbaren «Urphänomenen» der Geschichte aus – und bannt sie doch zugleich in eine Grundvorstellung, in ein Bild des Gleichgewichts, aus dem von Mal zu Mal eine «Verbindung» hervorgeht, «welche nur diesmal so existierte und dennoch ihre Allgültigkeit hat». So wird in starken Individuen «das unbewußt Vorhandene bewußt und verhüllt gewesenes Wollen zum Gesetz». Oder: «Die Geschichte liebt es bisweilen, sich auf einmal in einem Menschen zu verdichten, welchem hierauf die Welt gehorcht.» Man spürt in solchen Gedanken den allgemein romantisch-idealistischen Hintergrund, der bei Burckhardt eine bildungsmäßige Selbstverständlichkeit ist; aber die Parallele zu Hegel darf man nicht ausziehen, ohne seinen freien Erwägungen rasch Gewalt anzutun. Die Abschnitte «Von den drei Potenzen» und «Die Betrachtung der sechs Bedingtheiten» erwecken auf den ersten Blick den Eindruck einer Systematik; wer sie liest, wird bald erkennen, daß hier zwar die Hauptbereiche «Staat», «Religion», «Kultur» in ihren wechselseitigen Verhältnissen betrachtet, aber nicht in eine feste Zuordnung gebracht werden. So wie die Aufstellung *Kunstgeschichtlicher Grundbegriffe* (das Werk seines Schülers Heinrich Wölfflin) einen entscheidenden Schritt über Burckhardt hinaus bedeutet hat, so ist auch die Theoriebildung zur Weltgeschichte seinem skeptischen Umgang mit der geschichtlichen Welt (und mit den eigenen Einsichten) fremd geblieben.

Seine Skepsis bricht sich an der Bewunderung einzelner Menschen – namentlich Künstler –, aber zuvor noch an dem Bewußtsein, einem «großen und ernsten Ganzen gegenüber» zu stehen, in welchem die Einzelnen geringfügig wirken und doch nicht verlorengehen. «In der Geschichte besteht überhaupt bei den höher zivilisierten Völkern ein wunderbares Neben- und Durcheinander, einerseits von den massenhaftesten mechanischen Kräften, besonders der gehäuften Macht des Großstaats, und anderseits von den feinsten Imponderabilien, wie Kultur und Religion, welche in ihrer höchsten Äußerung auf so wenigen Individuen beruhen und doch ganze Völker mitreißen und bestimmen können», sagt er in einer späten Aufzeichnung zur Neuzeit. Die *Historischen Fragmente,* zu denen dieser Satz gehört, lassen immer wieder erkennen, daß für Burckhardt die großen Gestalten der Vergangenheit nicht hinter einem anonymen menschlichen Kollektiv zurücktreten – «bloße Majoritätsbeschlüsse von nach der Kopfzahl gewählten Kammern oder Assembleen» ersetzen den Herrscher nicht... Nur die Gesamtbewegung des Völkerschicksals verweist sie auf ihren relativen Rang.

Wie aber Burckhardt das Ganze eines geschichtlichen Lebensbereichs zu erfassen suchte, das können wir wenigstens annäherungsweise der gewaltigen Textmasse seiner nachgelassenen Vorlesung über *Griechische Kulturgeschichte* entnehmen. Er hat hier einleitend noch einmal den besonderen Charakter kulturgeschichtlicher Methodik und Darstellung unterstrichen. «Sie geht», sagt er, «auf das Innere der vergangenen Menschheit und verkündet, wie diese *war, wollte, dachte, schaute* und *vermochte*. Indem sie damit auf das Konstante kommt, erscheint am Ende dieses Konstante größer und wichtiger als das Momentane, erscheint eine Eigenschaft größer und lehrreicher als eine Tat; denn die Taten sind nur Einzeläußerungen des betreffenden inneren Vermögens, welches dieselben stets neu hervorbringen kann.» Solche Betrachtung eines Volkes aus dem «Inneren» heraus entfaltet sich in dem Werk von den mythischen Traditionen über die politischen Gestaltungen und die Formen des Glaubens zu einer «Gesamtbilanz des griechischen Lebens»; Abschnitte zur bildenden Kunst, zu Dichtung und Musik, zu Philosophie, Wissenschaft und Rhetorik führen die dauernden Leistungen vor; den Abschluß aber bildet ein besonders groß angelegter Teil, der den «hellenischen Menschen in seiner zeitlichen Entwicklung» zu fassen sucht, so daß dem Geschichtlich-Vergänglichen doch das letzte Wort bleibt.

Nun ist aber nicht vom Leben und Schaffen irgendwelcher Vergangenheit die Rede; sondern von den Griechen – die Burckhardt «das geniale Volk auf Erden» nennt; von der Kultur, die er als die Grundlage höheren Menschentums schlechthin ansieht. Unnötig, daran zu erinnern, daß er sich mit solcher Wertung in einer langen und dichten Reihe europäischer Deuter und Darsteller findet. Worauf es ankommt, ist einerseits, daß er im Griechischen das Humanum als solches begreift, daß er anderseits eine besondere Note der Interpretation aufnimmt, die er mit einem Wort August Böckhs bezeichnet: «Die Hellenen waren unglücklicher, als die Meisten glauben.» So wird das Werk zur eigentlichen Ausformung dessen, was man Burckhardts pessimistischen Humanismus heißen möchte.

Über dem Kapitel «Die Polis» steht als Motto der Dante-Vers: «Per me si va nella città dolente.» Das Gemeinwesen erscheint als Gefüge, dem keiner entgeht, das mit merkwürdig verschränkter Wirkung den einzelnen völlig sich unterordnet, ihn aber zugleich aufs äußerste steigern kann. Die Gewaltsamkeit dieser politischen Struktur ist vielleicht das zentrale Thema der ganzen *Griechischen Kulturgeschichte.* Denn so ausgiebig Burckhardt bei den «kulturellen» Erscheinungen im engeren Sinn verweilt, so nachdrücklich zeigt er doch – wie schon im Renaissance-Buch –, daß vom Zusammenleben in Staat und Gesellschaft die Impulse auf das künstlerische Schaffen eindringen; gerade aus solchem Bezug erklärt er danach die beherrschende Stellung der attischen Tragödie, die auch ihrerseits das «unentrinnbare» Höhere und Gesamthafte spiegelt.

In diesen Zusammenhängen hat sich Burckhardt am ehesten noch dem genialen Universitätskollegen genähert, dem er sonst einen sehr vorbehaltvollen Respekt bezeugt: Nietzsche, dessen *Geburt der Tragödie aus dem Geiste der Musik* ihn nachhaltig beschäftigte. Der Vergleich läßt aber erkennen, wie Burckhardt bei allem Sinn für die Problematik und vielfache Anfechtung des hellenischen Wesens doch an der Bedeutung des Maßes im Griechentum – nicht von vornherein eines harmonischen Gleichmaßes, aber eines menschlich echt begrenzten Daseins – festhielt.

Wenn man ihn so gut wie Nietzsche zu den spätromantischen Geistern rechnen kann, so treten die beiden gerade in dieser lockersten Verbindung weit auseinander: der Verkünder des Übermenschen und der Darsteller vergangener Humanität; Wagners Bewunderer und Gegner und der stille Liebhaber italienischer Oper, der einmal schrieb: «der Liebe, Große, nämlich Mozart»; der Dithyramben-Dichter und der Verfasser von *E Hämpfeli Lieder,* versonnener Strophen in alemannischer Mundart... Man darf nicht vergessen, daß die Polis für den Alt-Basler Bürger nicht nur die «città dolente» war, sondern auch ein vormals weislich eingeschränkter Kreis der Willensbildung, der, solange er sich selber treu geblieben war, nichts «Cäsarisches» hervorgebracht und von den *terribles simplificateurs* einer maßlosen Zukunft noch nichts gewußt hatte.

*

Es ist nicht unbedenklich, von Burckhardts Pessimismus zu reden. Er hielt allerdings nicht viel von den Haupttendenzen des eigenen Zeitalters; von der Demokratisierung, die den inneren Bau seiner Heimatstadt umwandelte; von der unsoliden Prosperität einer neuartigen Wirtschaft. Er hat mit dem Scharfblick verantwortlicher Sorge das Auseinanderbrechen ständischer Ordnungen beobachtet und die Gefahren vorausgesehen, die in den Bewegungen wachsender und zugleich schwächer strukturierter Sozialkörper angelegt sind. Bismarcks Reich ist ihm nie geheuer geworden – der Nationalstaat Cavours schon eher, wie ihn denn die italienische Menschlichkeit und volkstümliche Konstanz immer wieder mit der Gegenwart ausgesöhnt hat. Und eben in seinem Umgang mit Italien, aber auch mit Kunst und Lebensäußerung anderer Zonen, ferner mit Freunden und Schülern erweist sich durch Burckhardts ganzes Leben hin eine Kraft der Bejahung, die seinem Pessimismus nicht widerspricht, aber die Waage hält.

Es gibt in seinem Werk vielleicht kein stärkeres Zeugnis für diese Bejahung als die *Erinnerungen aus Rubens,* die Monographie, die in seinen letzten, nurmehr der Kunstgeschichte gewidmeten Dozentenjahren entstanden ist. Ein Text, der dem ungewöhnlichen Wirkenshorizont dieses Meisters, seiner Schaffens- und Lebensfreude, seinem Können, aber auch seiner Bildung und Weltläufigkeit großartig gerecht wird und zudem für all dies Partei ergreift – der für Rubens wirbt. Man kann das kleine, locker systematisch gearbeitete Buch nicht lesen, ohne zugleich die Polemik gegen Rembrandt oder eigentlich gegen die Rembrandt-Bewunderer vor Augen zu haben, mit welcher Burckhardt nicht nur die Verkümmerung, wie er meinte, aller Gestalt zugunsten des Lichteffekts rügte, sondern wohl auch eine problematisch gebrochene, vom religiösen Empfinden durchfurchte Kunst treffen wollte. In der festlichen Malerei des großen, unbefangenen «Erzählers», wie er Rubens genannt hat, fand er zuletzt die Erfüllung: das vollkommen bewältigte Verhältnis zum Sichtbaren, zum Mythischen und Natürlichen. Den «ungeheuren Durst nach Anschauung», zu dem er sich in der Jugend bekannt hatte, lebte er hier, in der äußeren Stille und strengen Zurückgezogenheit seines Alters aus.

Er trat auch mit dieser Schrift nicht mehr vor die Leser, sondern verwahrte sie für die postume Veröffentlichung. Sie war ein Bekenntnis und blieb doch geheim. Und die späteste, vollends verschwiegene Arbeit an dem zurückbehaltenen Material zur italienischen Kunstgeschichte war noch ein langes Verweilen bei der Erscheinung, beim Diesseits, welches sich in der Betrachtung verdichtete und vertiefte, transparent wurde nach dem doch nie ausdrücklich erörterten Wunder des Schöpferischen, des höchsten und innersten Anstoßes hin.

In einem Gedicht, das er an der Schwelle des Alters von einer Reise an einen Basler Freund sandte, hielt er den Zuspruch fest, den er «ganz leis» von den «seligen Göttern» vernahm:

> «Wir gaben dir von Jugend auf
> Den dunkelklaren Lebenslauf;
> Dir ward in kalter Winternacht
> Manch trautes Feuer angefacht –
> Du wußtest nicht, von welchen Händen –
> *Wir* waren es, und *wir vollenden!*»

ZEHNTES KAPITEL

Geschichte inszenieren – Bismarck

Otto von Bismarck war – man darf sagen: bekanntlich – ein Mann der Tat. Er war es in der charakteristischen Weise, daß er von Programmen und Theorien nichts hielt und einmal erklärt hat, man müsse sich eben zuzeiten liberal und zuzeiten konservativ verhalten – beides allerdings im gegebenen Rahmen des Dienstes am Königtum. Pragmatische Bewältigung der Situation, nicht nach Prinzipien der Methode, sondern nach Methoden, die dem *einen* Prinzip der *salus publica* in der geltenden und mit Inbrunst bejahten Staatsform gehorchten. Eine Bewältigung durch das Handeln des verantwortlichen Politikers, der, um solcher Verantwortung zu genügen, mit großen und eifersüchtig gehüteten Vollmachten ausgestattet war.

Was heißt aber Handeln? Man neigt dazu, sich ein irgendwie körperliches Verrichten und Tun vorzustellen; die zugehörigen Sprachbilder weisen es auf: vom «Eingreifen», bei dem die Metapher kaum mehr zu spüren ist, über das «Ablenken», das «Ansporn» oder das «Hand bieten» bis zu Ausdrücken schierer Gewalttätigkeit. «Nun, habe ich geschossen?» fragt Bismarck selber einmal, damit man bestätige: er sei sehr wohl fähig, eine Entscheidung im Krieg zu suchen – wenn es denn sein müsse. (Denn er liebte den Krieg nicht, aber er hielt ihn nicht ungern für notwendig.)

Geschossen hatten die preußischen Grenadiere; nicht er. Und obwohl er ein Mann von physischer Regsamkeit war – Reiter und Schwimmer, Jäger und Fischer –, obwohl er sich dann und wann eine Handgreiflichkeit nicht versagte, so war doch das Medium seines politischen Handelns nicht physischer Art; es sei denn, man einigte sich, den Kopf als Körperteil anzuerkennen. Sein Medium war das Wort, war der formulierte Gedanke, wie er ihn aussprach und zu Papier brachte. Sein Handeln bestand – der Form nach – darin, daß er redete, daß er schrieb.

Es wäre darum nicht richtig, zu sagen, daß Bismarck ein großer Politiker und außerdem ein bemerkenswerter Schriftsteller war. Daß er die Möglichkeiten des sprachlichen Ausdrucks beherrschte, heißt kaum etwas anderes, als daß er das Instrument seines Handelns fest in der Hand hatte (auch das eine Körper-Metapher). Aber das Instrument: damit ist schon bezeichnet, was die Sprache für Bismarck war – worauf sie beschränkt blieb. Er schrieb fast nie, um zu schreiben; er schrieb, um zu wirken. Übrigens sind hier Verallgemeinerungen nicht statthaft: literarisches Können zeugt nicht für die Fähigkeit zu politischem Denken; vom Handeln zu schweigen. Und es gibt Beispiele bedeutender Staatsmänner von farbloser oder karger Diktion. Wir halten nur fest, daß der eine Bismarck, wenn er redete oder schrieb, selten mehr wollte (und sehr selten weniger) als beim Zuhörer oder beim Leser einen bestimmten – den gewünschten – Eindruck hervorrufen.

Dazu paßt, daß sein berühmtester Brief – der, mit dem er bei Herrn von Puttkamer um dessen Tochter warb – die persönlichsten Mitteilungen aufs unmittelbarste in den Dienst einer Absicht stellte. Was gar nicht bedeutet, daß an diesen Mitteilungen etwas Unwahres ist; eher im Gegenteil, die überzeugende Wirkung der wahren Aussage war Bismarck vollkommen bewußt. – Ebenso einleuchtend ist aber, daß seine berühmteste politische Handlung –

die, mit der er den Deutsch-Französischen Krieg auslöste – eine Manipulation (wie man heute wohl sagen würde) mit Worten war: die Redaktion der Emser Depesche.

Handelndes Schreiben – schreibendes, redendes Handeln: es muß sich aus solcher Zusammengehörigkeit eine gegenseitige Prägung ergeben. Tatsächlich tritt in Bismarcks schriftlicher und erst recht in seiner mündlichen Ausdrucksweise – wie sie uns in Parlamentsstenogrammen und von Gesprächspartnern überliefert ist – der direkte Bezug zum jeweiligen Tatbestand, zum Problem, zur Aufgabe mit einer Schärfe hervor, die ein Grundmerkmal seines Stils ausmacht. Mit dieser Direktheit verbinden sich aber – oder sollte man sagen: zu dieser Direktheit gehören – ein Schwung und bisweilen eine Eleganz der Formulierung, die es durchaus erlauben, auch ästhetische Maßstäbe an den Schriftsteller Bismarck heranzutragen. Und so wiederum nicht allein an den Schriftsteller.

Sein Stil – im Sinn von Schreibweise – ist gleichzeitig seine Verhaltensweise. Wenn jemand Schlaflosigkeit damit erklären kann, daß er die ganze Nacht lang gehaßt habe, dann ist ihm allein schon auf Grund dieser Äußerung einiges zuzutrauen an unverhohlener Gegnerschaft. Auch an Freundschaft; nur daß Gegnerschaften konstanter sind in der Politik; und Gleichrangigkeit – die bei den Freunden wohl doch noch schwerer entbehrt wird als bei den Gegnern – in Bismarcks Fall kaum zu finden war. Ausdruck des Hasses ist aber zugleich Betätigung dieses Hasses bei einem, der die meiste Zeit über öffentlich lebt und also auch spricht und schreibt. Und was von dem einen Gefühl gilt, das gilt für die anderen auch; zumal für die Treue, die Bismarck vorbildlich übte – man kann sagen: obwohl und indem er sie ständig im Mund führte. Und es gilt *a fortiori* von den Überzeugungen (auf die wir zurückkommen).

Die Direktheit, die Bismarcks Stil kennzeichnet, muß sich nicht notwendig in spontanen und originellen Wendungen beweisen. Sie tut das in Jugendbriefen und später noch in der Korrespondenz mit den Angehörigen – und auch da nicht ganz immer. In den Jahren nach 1870 begegnen oft Formulierungen, die aus der Amtssprache stammen. Zeigen bei Goethe die Altersbriefe eine gewisse Erstarrung der eigenen Art, sich mitzuteilen, so dringen bei Bismarck die *expressions faites* des Verkehrs in Verwaltung und Politik durch. Aber der überraschend persönliche Einfall findet sich hart daneben – so hart, daß man glauben könnte, die kanzleimäßigen Stilelemente seien parodistisch gemeint. Sie sind es gewiß nicht; sie lassen nur eben erkennen, wie sehr sich der Staatsmann die Gewohnheiten und Regeln zu eigen gemacht hat, nach denen gesagt – und getan wurde.

Er hielt auf diese Regeln. Ein unehrerbietiges Votum im Parlament konnte leicht bewirken, daß er es zornig oder gekränkt von sich wies, auf solcher Tonlage zu debattieren. Wobei der Ausdruck von Zorn oder Kränkung auch wieder Mittel und Waffe war, aber durchaus echt: dem Minister, dem Kanzler blieb die Ebene vorgeschrieben, auf der er den Standpunkt der königlich preußischen oder der kaiserlichen Regierung zu vertreten hatte, danach sollten auch die Gegner sich richten. Eine gleiche Empfindlichkeit konnte er an den Tag legen, wenn er politischen Einfluß auf den Monarchen feststellte oder auch nur theoretisch für möglich hielt. «Ich vertrage jeden mir gegenüber geübten Widerspruch», schrieb er in seinem langen und strengen Weihnachtsbrief an den Gesandten in

Paris, Graf von der Goltz, 1863, «sobald er aus so kompetenter Quelle wie die Ihrige hervorgeht; die Beratung des Königs aber in dieser Sache kann ich amtlich mit niemandem teilen, und ich müßte, wenn Se. M. mir dies zumuten sollte, aus meiner Stellung scheiden. (...) Berichte, welche nur die ministeriellen Anschauungen widerspiegeln, erwartet niemand; die Ihrigen sind aber nicht mehr Berichte im üblichen Sinne, sondern nehmen die Natur ministerieller Vorträge an, die dem Könige die entgegengesetzte Politik von der empfehlen, welche er mit dem gesamten Ministerium im Conseil selbst beschlossen und seit vier Wochen befolgt hat.»

Solche Reaktionen sind nicht zureichend erklärt mit Bismarcks allerdings intensivem Verhältnis zur Macht – mit dem Willen, die ganze Verantwortung und entsprechend ungeteilte Befugnisse selber innezuhaben. Seine Konzeption einer Gesamtverantwortung an der Stelle, wo die dynastisch begründete Herrschaft sich umsetzen mußte in die Bewegungen eines staatlichen Mechanismus, entspricht einem Ordnungsdenken, das er nicht neu und zu eigenen Zwecken erfunden, sondern nur mit der ihm eigenen Energie und Konsequenz auf die historische Lage angewandt hat. Anders gesagt, der notwendige Kompromiß zwischen einem auf einfache Verhältnisse zugeschnittenen Regierungssystem und dem politisch-gesellschaftlichen Differenzierungsprozeß seiner Gegenwart hat durch ihn und in ihm eine restriktive, die Einheit der Autorität nach Möglichkeit wahrende Form gefunden.

Eine Form. Die Verbindung von Wort und Aktion zielt im Grund auf nichts anderes. Der Brief an Herrn von Puttkamer gibt Bismarcks bisheriger Biographie die noch offene Form, deren einleuchtender Abschluß die Vermählung mit der Tochter des Adressaten sein wird. Die Redaktion der Emser Depesche gibt dem diplomatischen Streit zwischen Preußen und Frankreich die Form, auf die nur noch ein Krieg paßt. Wenigstens nach der damaligen Etikette – die einen heute wohl blödsinnig anmuten mag, die aber für Bismarck in Geltung stand, so zweifelsfrei wie eben überhaupt die formale Gesetzlichkeit der Politik, der inneren wie der äußeren. Daß er in späterer Zeit die schützende Kraft seines Bündnissystems überschätzt hat, hängt mit dieser primären Ausrichtung auf Form und Regel zusammen.

Müssen aber solche Beobachtungen nicht in Widerspruch treten zu dem Bild des dynamischen Pragmatikers Bismarck? Und muß nicht zugleich die ästhetische Würdigung seines Formsinns die ethische Bewertung seines verantwortlichen Handelns verdrängen? Beides würde zutreffen, wenn hier «Form» etwas Ideologisches, ein Prinzip wäre, auf das sich Bismarck in seiner jeweiligen Politik, in der materiellen Entscheidung beriefe. Tatsächlich hat man ihm oft das Gegenteil vorgeworfen, nämlich daß seiner Politik die Verankerung in Prinzipien fehle. Bismarck bezieht sich auf diesen Vorwurf, wenn er 1865 an Andrae-Roman schreibt: «Wer mich einen gewissenlosen Politiker schilt, tut mir Unrecht und soll sich sein Gewissen auf *diesem* Kampfplatz erst selbst einmal versuchen.»

Auf *diesem* Kampfplatz, also in der *jeweiligen* politischen Lage, in der nun gerade mit moralischen Prinzipien kein Durchkommen ist – jedenfalls kein verantwortliches Durchkommen, sobald «verantwortlich» mehr meint als nur «besorgt um die eigene Unschuld». Das Gewissen kommt vielmehr in der «Bereitschaft zur Schuldübernahme» zum Tragen, von der Dietrich Bonhoeffer in seinen

Fragmenten einer christlichen Ethik spricht. Der Theologe bezieht sich ausdrücklich auf Bismarck, wenn er das politische Handeln umschreibt als ein sachgemäßes Verhalten, das die Beziehung der Sache auf den Menschen nicht übersieht und die vorgegebenen Gesetzlichkeiten der Politik berücksichtigt, zugleich aber anerkennt, «daß mit diesen Gesetzlichkeiten der Staatskunst das Wesensgesetz des Staates nicht erschöpfend erfaßt ist, ja daß das Gesetz des Staates, gerade weil dieser mit der menschlichen Existenz unlöslich verbunden ist, zuletzt über alles gesetzlich Faßbare hinausreicht. Und es ist eben an dieser Stelle, daß erst die Tiefe verantwortlichen Handelns erreicht wird.» Denn immer wieder ist es genötigt, aus dem Bereich des Gesetzlich-Regelmässigen herauszutreten in eine außerordentliche Situation, vor eine Lebensnotwendigkeit, vor die Frage der *ultima ratio*. In solcher besondern geschichtlichen Stunde ereignet sich der «Verzicht auf jedes Gesetz, verbunden mit dem Wissen darum, hier im freien Wagnis entscheiden zu müssen».

Nun entspricht es durchaus den Grundüberzeugungen Bismarcks – und bestätigt zugleich die Darstellung Bonhoeffers – daß eine allgemein-*inhaltliche* Bestimmung des politischen Handelns bei diesem politisch Handelnden nicht zur Sprache kommt. Es ist die Rede, einerseits, von den Tendenzen, mit denen er sich auseinanderzusetzen hatte, und so auch vom eigenen Urteil über – zum Beispiel – den Nationalismus, den großdeutschen Gedanken, die Revolution, Europa, den Sozialismus. Und anderseits ist die Rede von den Mitteln und Wegen, die sich anboten für die Verwirklichung von Plänen, die Verhinderung von Gegenzügen, für Angriff, Verteidigung, Überredung. Daß das Verhalten «wirklichkeitsgemäß» sein müsse, das steht nirgends – oder überall: eine selbstverständliche Voraussetzung. Es ist ferner die Rede von religiösen Empfindungen sowie von Verpflichtungen gegenüber dem legitimen Herrn; aber Gottesfurcht, Königstreue geben der Verantwortlichkeit nicht so sehr ihre «Themen» wie ihre Bedeutungsschwere und ihre Rechtfertigung.

Wenn von der Ethik her nichts weiter gesagt wird, als daß der Staatsmann das jeweils nach menschlichem Ermessen politisch Richtige tun solle – daß die «Wirklichkeitsgemäßheit» die Kernsubstanz des verantwortlichen Handelns sei: so liegt darin auch nichts anderes als die *formale* Bestimmung des *pragmatischen* Verhaltens. Nebenbei setzt sich Bonhoeffers Wort vom «Verzicht auf jedes Gesetz» genau dem Mißverständnis aus, über das sich Bismarck beklagt: nämlich als sei seine Politik gewissenlos oder als müsse Politik gewissenlos sein. Gemeint ist aber, daß mit den Gesetzlichkeiten des staatlichen Lebens kein inhaltlich wegweisendes Gesetz für das «rechte Tun» gegeben sei – daß dieses «rechte» nur eben das «richtige» Tun in der einmaligen historischen Situation sein könne.

Läßt man so die Betrachtung der ästhetischen in die Würdigung der ethischen Seite von Bismarcks Werk übergehen, muß man noch einmal beachten, daß Schriftsteller und Politiker in ihm ein und derselbe waren, und das heißt auch, daß der Schriftsteller über den Politiker nicht mehr weiß als der Politiker über sich selbst. Eher vielleicht etwas weniger: in dem Sinn, daß er schreibend die Schichten nicht immer trennt, die in seinem Handeln doch auseinanderzuhalten sind. Und wieder ist nur von Fall zu Fall zu entscheiden, ob die Selbstanalyse mit oder ohne Absicht auf solche Klärung verzichtet. Bei der Redaktion der Emser Depesche ist – nach Bismarcks späterer Darstellung –

das Motiv entscheidend, daß der Krieg mit Frankreich eine «Notwendigkeit» geworden war, «der wir mit Ehren nicht mehr ausweichen konnten». Die Redaktion wurde jedoch erst vorgenommen, nachdem Moltke «einige Fragen in bezug auf das Maß seines Vertrauens auf den Stand unsrer Rüstungen» zur Zufriedenheit hatte beantworten können. Was den Historiker Bismarck eigentlich zu der Feststellung veranlassen müßte, der Politiker Bismarck hätte einen Krieg, zu dem man nicht hinlänglich gerüstet war, vielleicht doch nicht als «Notwendigkeit» anerkannt. Daß es unverantwortlich ist, Krieg anzufangen, ohne dafür gerüstet zu sein, über diesen Punkt wäre Bismarck mit Bismarck vollkommen einig gewesen.

Die Möglichkeit aber – und damit die Notwendigkeit – eines Kriegs, den die «Ehre» ja forderte, einmal gegeben, faßte er seine Verantwortung so auf, daß er entweder den Krieg herbeiführen oder zurücktreten müsse. Dieses «oder zurücktreten» wiederholt sich in seiner Karriere; es tritt immer dann auf, wenn die Spielregeln bedroht sind, nach denen verliehene Vollmacht von ihrem Träger auch ausgeübt und, ethisch gesprochen, die «Schuldübernahme» dem, der zur ihr bereit ist, auch gewährt werden soll. Dieser Rahmen der politischen Handlungsfähigkeit kann sich mit den verschiedensten Inhalten füllen; daß die prinzipielle Bedeutung nicht in der Sach-, sondern in der übergreifenden Formfrage liegt, gibt Bismarck in seinem Entlassungsgesuch vom 22. Februar 1869 deutlich zu erkennen, und sein Konflikt mit Wilhelm II. bestätigt es. Während die Gepflogenheiten des parlamentarischen Systems den Regierungswechsel aus einem materiellen Entscheid hervorgehen lassen, konnte der Kanzler nur abtreten, weil seiner Gesamtkompetenz als solcher der Boden entzogen wurde.

«Ich bin von früh auf Jäger und Fischer gewesen, und das Abwarten des rechten Moments ist in beiden Situationen die Regel gewesen, die ich auf die Politik übertragen habe», erklärt er im Alter. «Ich habe oft lange auf dem Anstand gestanden und habe mich von Insekten umschwärmen und zerstechen lassen müssen, ehe ich zum Schuß kam. Ich habe nie einen Moment gehabt, in dem ich nicht ehrlich und in strenger Selbstprüfung darüber nachgedacht hätte, was ich zu tun hätte, um meinem Land – und ich muß auch sagen meinem verstorbenen Herrn, König Wilhelm I. – nützlich zu sein und richtig zu dienen. Das ist nicht in jedem Augenblick dasselbe gewesen, es haben Schwankungen und Windungen in der Politik stattgefunden, aber Politik ist eben an sich keine logische und keine exakte Wissenschaft, sondern sie ist die Fähigkeit, in jedem wechselnden Moment der Situation das am wenigsten Schädliche oder das Zweckmäßigste zu wählen.»

In einem unverkennbar apologetischen Ton spricht er aus, was den Inhalt seiner politischen Existenz ausgemacht hatte. Die Bildhaftigkeit seines Stils widerspiegelt die Sachbezogenheit seines Denkens und Handelns. Und das soll sie auch: Bismarck arbeitet an seiner Selbstdarstellung, damit sie auf Zuhörer oder Lesepublikum wirke und für ihn zeuge. Aber das Absichtsvolle kann wahr sein, und das Bild, das er ohne falsche Bescheidenheit von seinem Tun gibt, ist in den Umrissen glaubwürdig. Denn es schließt die «Wagnisse» des Entscheidens ein, die Bismarck in ihrer psychischen wie in ihrer ethischen Dimension auf die kürzeste Formel gebracht hat mit dem Wort: «Wo das Müssen anfängt, hört das Fürchten auf.»

—

ELFTES KAPITEL

Der Täter und der Zaungast – Churchill und Harold Nicolson

Am Ende der dreißiger Jahre war es noch ungewiß, ob Winston Churchill einst der Nachwelt eher als Geschichtschreiber oder als Staatsmann erscheinen werde. Und auch heute kann, wer auf die Größe seines Handelns blickt, nicht an dem Werk vorbeisehen, das er in den Ruhepausen seines politischen Lebens geschaffen hat: nicht an der «Weltkrise», die in den zwanziger Jahren, nicht am «Marlborough», der in den dreißiger Jahren entstand; weder an seinem Bericht über den Zweiten Weltkrieg noch an der «Geschichte der englischsprechenden Völker», die er begann, als die große Kampfzeit ihren Schatten vorauswarf, und die er vollendete, als der Sieg errungen und der Krieg beschrieben war: um nur die vier wichtigsten Bücher des Historikers Churchill zu nennen. Eben dies, daß der Mann, der in so einzigartigem Maß gegenwärtig war, auch vertrautesten Umgang mit dem Gewesenen pflegte, bezeichnet seinen Rang in Europa, in dem Kulturbereich, den der Streit der Völker wie das Nachdenken über die Menschen prägt.

Man könnte versucht sein, Churchills historisches Œuvre in zwei Hälften zu teilen: die Bände über den Ersten und über den Zweiten Weltkrieg sind Rechenschaftsberichte, sind vorab in eigener Sache geschrieben. Der «Marlborough» und die «Geschichte» sind Darstellungen einer entrückten, objektivierten Vergangenheit. Aber sehr tief führt die Unterscheidung uns nicht. Denn einerseits hat sich Churchill im Umgang mit den eigenen Zeitumständen vom Früheren leiten lassen und seine Entscheidungen darauf bezogen. «Seit vierhundert Jahren», erklärte er im März 1936 dem konservativen Parlamentskomitee für Auswärtige Angelegenheiten, «hat die Außenpolitik Englands darin bestanden, sich der stärksten, aggressivsten, beherrschenden Großmacht auf dem Kontinent entgegenzustellen und insbesondere zu verhindern, daß die Niederlande unter die Herrschaft dieser Großmacht gerieten.» Wenn er so die eigene Anschauung mit der, wie er sagt, «großartigen, unbewußten Tradition der britischen Außenpolitik» im Einklang sieht, so ist ihm anderseits die Vergangenheit erfüllt von Momenten und Situationen, die von der eigenen Lebenserfahrung und den in ihr bewährten Maßstäben her zu erkennen und zu beurteilen sind. Solche Nähe zur historischen Thematik bringt es mit sich, daß Churchill auch in der Erzählung von weit zurückliegenden Zeiten gleichsam in eigener Sache spricht – und zu der engen Bindung an den Stoff gehört es, daß er, Sohn eines englischen Vaters und einer amerikanischen Mutter, ausschließlich Geschichte seiner Vorfahren mitgeteilt hat.

*

Ein bekanntes Wort sagt, daß es stets die Sieger sind, die das Bild vergangener Kämpfe schaffen oder in deren Sinn es geschaffen wird. Das trifft unmittelbar auf die Memoirenwerke des britischen Marineministers im Ersten, des Premierministers im Zweiten Weltkrieg zu; aber es gilt auch für den «Marlborough» und für die angelsächsische Geschichte. Churchill sucht in jedem seiner Werke die Bilanz der Entschlüsse und Aktionen zu ziehen, die den Kurs des Staatsschiffs, den Entwicklungsweg der Gesellschaft bestimmt haben, und sein Kriterium ist immer das der «res publica recte gubernanda», des richtig zu lenkenden Gemeinwesens. Klar und oft etwas zu einfach treten so Einsicht und Irrtum, rettende und gefährdende Tat auseinander, während sich die Endergebnisse ihres Wechsels und Austrags bis zu der Zeit des historischen Rückblicks im Licht der Bewährung und des Fortschritts darstellen.

«Ich zaudere nicht», so heißt es in einem Aufsatz der Zwischenkriegszeit, «mich in die Reihe derer zu stellen, die in der Geschichte der Vergangenheit der Welt vor allem eine Erzählung von Ausnahmemenschen sehen, deren Gedanken, Handlungen, Eigenschaften, Tugenden, Triumphe, Schwächen und Verbrechen die Geschicke des Menschengeschlechts beherrscht haben.» Persönliche Verantwortung ist in der Tat das Hauptmoment von Churchills Geschichtsverständnis. Wiederum liegt das bei den Büchern über die Weltkriege besonders deutlich am Tag – und wird noch hervorgehoben dadurch, daß die Jahre 1911 bis 1918 vorwiegend aus dem Gesichtswinkel der Admiralität geschildert sind, während der allseitigen Kompetenz des Regierungschefs der Jahre 1940 bis 1945 auch eine allseitige, auf die wirklichen Proportionen des Geschehens abgestimmte Berichterstattung entspricht. Aber personalistisch ist auch das Bild des englischen Mittelalters, das er in der «Geschichte» entwirft, und darin zeigt sich unter anderem, daß seine Historiographie noch ganz im vorigen Jahrhundert wurzelt.

*

Wenn ich nicht irre, ist Ranke der Autor, den Churchill in seiner «Geschichte der englischsprechenden Völker» am

meisten zitiert. Nicht weil er ihm sein Wissen vor allem
verdankte, sondern weil der Ton dieses klassischen Historikers dem seinen verwandt ist: weil er bei ihm Akzente –
auf bedeutenden Ereignissen, dramatischen Wendungen
und Entscheidungen – findet, wie auch er sie zu setzen
liebt. Freilich, in der systematischen, kritischen Verwer-
tung der Quellen, die Ranke gepflegt hat, folgt er ihm
nicht; gerade in der «Geschichte» ist vieles Kompilation,
und zumal die Behandlung nichtenglischer Gestalten wie
etwa Luthers verrät nur flüchtige Kenntnis. Gelegentlich
nimmt Churchill die Legende, ja die «Fable convenue» geradezu in Schutz gegen die Wissenschaft; denn nicht nur
in der Vergangenheit, sondern auch in dem Kleid, das ihr
die Überlieferung gibt, erblickt er nationales Gut. Wo er
gestaltend eingreift, geschieht es eben, damit die Kontinuität des Nationalen hervortrete – schon in der Zeit König Offas, gegen 800, schon in der Abwehr der ruchlosen
Wikinger, vollends in der Bindung an Europa, die durch
den Sieg der Normannen, 1066, zustande kommt. Eigene
Sicht verraten auch die Parallelen, die er gelegentlich in
den Bericht hineinträgt – so hätte der Parteigeist der To-
ries in den Jahren 1696 bis 1699 ganz wie zwischen 1932
und 1937 eine Politik im Sinn der eigentlichen britischen
Interessen verhindert –, und immer auch wieder Urteile
über Personen; so das erstaunlich günstige über Karl I., das
vorsichtig einschränkende über Cromwell.

Mit Ranke und mit der Historischen Schule stimmt
Churchill auch in dem Prinzip überein, die relative und
momentane Berechtigung der Standpunkte gelten zu lassen. «Jedes Ereignis», sagt er, «ist im richtigen Zusammenhang mit den Umständen seiner Zeit und nur in diesem
Zusammenhang zu beurteilen.» Der Bezug, in dem dieser

Satz aus der «Weltkrise» steht, zeigt erneut, wie Churchills politische Erfahrung seinen geschichtlichen Sinn geschärft hat: Eigene Dispositionen des Jahres 1914 bewährten sich 1917/18 nicht mehr und waren im Augenblick ihrer Entstehung doch unumgänglich gewesen. So warnt er auch den Betrachter der Vergangenheit vor den perspektivischen Verkürzungen, die sich aus der Kenntnis der weitern Entwicklung ergeben, und weist darauf hin, wie sich jeder Generation die Lage anders präsentiert, die Aufgaben anders gestellt haben.

*

Aber mit dieser wirklichkeitsnahen, verstehenden Einstellung verbindet sich nun eine Bereitschaft zum Urteil, die der Geschichtschreibung Churchills doch einen vorwiegend normativen Charakter verleiht. Gut und Böse sind in ihr notwendige und oft beherrschende Kategorien. Auch sie stammen mit aus dem Erlebnis der eigenen Zeitläufte. In der «Weltkrise» wird die deutsche Niederlage erklärt als Folge zweier Provokationen: Der Überfall auf das neutrale Belgien hatte die Entente, die Entfesselung des uneingeschränkten U-Boot-Krieges die Vereinigten Staaten zum Kampf genötigt. «Nicht auf die Anzahl der Feinde», sagt Churchill, «noch auf deren Hilfsquellen oder Klugheit, nicht auf die Fehler seiner Admiräle und Generäle in offener Schlacht, nicht auf die Schwäche seiner Verbündeten, ganz sicher nicht auf irgendein Versagen in der Tapferkeit seiner Bevölkerung oder seines Heeres, nur auf diese beiden großen Verbrechen und geschichtlichen Fehler war Deutschlands Niedergang und unsere Rettung zurückzuführen.»

Verbrechen und geschichtliche Fehler: da wird eine Meinung sichtbar, die das politische Denken seit Machiavelli kennt – daß nämlich eine verbrecherische Politik immer falsch, eine falsche Politik stets ein Verbrechen ist. Diese Überlegung trifft auf das Verhalten der Alliierten nach 1918 zu, das dem Gebot der Stunde – eine deutsche Wiederaufrüstung zu verhindern und dafür dem besiegten Volk moralische und wirtschaftliche Erleichterungen zu schaffen – genau zuwiderlief. Sie trifft zu auf die französische und die britische Politik angesichts der Übergriffe Hitlers auf das Rheinland und die Tschechoslowakei und im schärfsten Sinn auf Stalins Pakt mit dem Nationalsozialismus. Sie trifft auch zu auf die alliierte Strategie nach 1914, die im Kampf um Frankreich zu ebenso großen wie nutzlosen Menschenopfern geführt hat. Churchills abschließendes Urteil über den Ersten Weltkrieg, das die Verlustlisten beider Seiten zum Ausgangspunkt nimmt, bezeugt die zentrale Bedeutung, die dem verantwortlichen Handeln in seiner wertenden, moralisch gestimmten Geschichtsbetrachtung zukommt.

Dem verantwortlichen Handeln, das Churchill doch vorab in seiner Größe und Schönheit zu zeigen strebt. Wie er die Schuld nicht verschweigt, in die es die Menschen oft führt, so spricht er – und lieber – von den «Höhen unsterblichen Ruhms», zu denen es sie emportragen kann. Die Jahre des «großen Kriegs» sind ihm, trotz und vor aller Kritik, «das Zeitalter des Heldentums»; sein durchaus ungebrochenes Gefühl für das Heroische gehört, wie so viele Elemente seiner Geschichtschreibung, seines Denkens, dem 19. Jahrhundert an. Skepsis und Understatement sind seine Sache nicht. Vielmehr wimmeln seine Bücher von Superlativen. Die amerikanisch-britische Invasion in

Sizilien nennt er in den Memoiren «die bisher größte Landungsoperation der Geschichte», obwohl er die Invasion in der Normandie – die er auch so nennen wird – schon herannahen sieht. Sätze, die mit «Nie zuvor...» beginnen, sind häufig bei ihm. Daß er nach dem Ersten Weltkrieg von der Amtszeit in der Admiralität als «den vier denkwürdigsten Jahren meines Lebens» spricht, enthüllt in unfreiwillig unterhaltsamer Weise das Fragwürdig-Vorläufige solcher Versicherungen.

*

Churchills Rhetorik ist eine wichtige Triebfeder seiner Geschichtschreibung. Der Drang zur volltönend-überzeugenden Formulierung – dem die bestehenden deutschen Übersetzungen leider so wenig Genüge tun – verleiht seinen Berichten den Schwung, führt zu kräftigen Metaphern und bewirkt, daß Churchill es durchaus nicht verschmäht, dem Topos breiten Raum zu gewähren. Von Blut gerötete Flüsse gehören zum festen Bestand seiner Schlachtenbilder. Und im Kriegsgeschehen ersieht er sich überhaupt seine großen, starken Momente. Persönlichste Neigung spielt da herein. Faszination durch die Waffe verrät sich in seiner Schilderung der altenglischen Langbogen wie der Hitlerschen Vergeltungsmissile, die Liebe zur Marine in den fast weihevollen Erwähnungen der «Königlichen Flotte». Aber der Grund zu solcher Akzentuierung liegt tiefer. Der Krieg ist es auch, in dem Churchill immer wieder ein höheres Walten über die Geschicke der Menschen zu spüren bekennt.

«Sicherlich», sagt er mit Bezug auf die Marneschlacht, «hatte kein menschliches Gehirn den Plan erdacht, hatte keine Menschenhand die Figuren auf das Schachbrett gesetzt.» In der Konstellation, die auf den Kampf hin sich ordnet, werden Kräfte aufgebaut, die das Vermögen der Kämpfenden übersteigen. Dass 1917 die Vereinigten Staaten in den Krieg eingriffen, bevor in Rußland die Revolution ausbrach und den Widerstand gegen Deutschland in Frage stellte: das hatte niemand geplant und berechnet, doch es entschied über den Fortgang. «In dieser Reihenfolge des Geschehens», sagt Churchill, «erkennen wir die Spuren des Geschicks.» Die Spannung, die das Ringen der Gegner begleitet – packend zeigt er sie: wie er in der Admiralität dem Gefecht auf der Doggerbank folgt –, löst sich ihm in Staunen über die Bestimmung, die den Ausgang so und nicht anders wollte.

Churchill spricht in solchem Zusammenhang von Fügungen und auch von Zufällen. Was wäre geschehen, wenn Chamberlain nicht an dem Tag überraschend nach Deutschland gereist wäre, als der Umsturzplan Becks ins Werk gesetzt werden sollte? Was, wenn Churchill selbst – die Frage hat ihn oft beschäftigt – sich schon früher in der Politik verbraucht hätte und vor dem Zweiten Weltkrieg ausgeschieden wäre? Und wie denn fand sich, bei all der Ungewißheit und vielleicht Willkür, der Einzelne in der Geschichte zurecht? Zunächst indem er die historischen Analogien mit einiger Konsequenz durchdachte; dafür liefert Churchill das beste Beispiel, da er in einem Aufsatz des Jahres 1925 den künftigen Krieg voraussagt. Dann aber war noch ein anderes möglich, das er gleichfalls nicht nur empfohlen, sondern den Zeitgenossen und der Nachwelt vorgelebt hat: seiner selbst und seiner Sache sicher zu sein. – In Churchills Gedenkrede auf Neville Chamberlain heisst es:

«Die Historie stolpert mit ihrer flackernden Lampe über den Pfad der Vergangenheit, versucht ihre Szenen zu rekonstruieren, ihren Widerhall zu beleben und mit blassem Schimmer die Leidenschaften früherer Tage zu entzünden. Was taugt das alles? Der einzige Führer des Menschen ist sein Gewissen; der einzige Schild für sein Andenken ist die Redlichkeit und Ehrlichkeit seiner Handlungen.»

*

Harold Nicolson hielt 1930, 44jährig, eine gute Position in der diplomatischen Laufbahn, die vor ihm sein Vater, der erste Lord Carnock, durchlaufen hatte und die auch ihn zu gegebener Zeit auf den Posten eines britischen Botschafters in einem der wichtigeren Länder zu führen versprach. Den amtlichen und gesellschaftlichen Ansprüchen gewann er, so sehr und so gern er ihnen genügte, die Muße für eine literarische Tätigkeit ab, die ihm bisher keinen großen, aber, wenn man so sagen kann, einen schmucken Ruf gebracht hatte; sie lebte aus Traditionsbewußtsein und historischem Sinn, aus einem geschmackvollen Künstlertum. Im übrigen war Harold Nicolson mit einer Schriftstellerin verheiratet, mit Vita Sackville-West, die auf dem Weg vom aristokratischen Kanon zu individueller Lebensgestaltung einen Schritt weiter drängte als er, die jedenfalls auf den halbpersönlichen Verkehr in einem weiten Personenkreis nicht eingehen wollte und konnte. Und sie nun, vielmehr die Rücksicht auf sie bewog Harold Nicolson, seine Karriere abzubrechen und seine Existenz neu zu begründen.

An diesem Wendepunkt beginnt er seine Aufzeichnungen, von denen er sagt, sie seien für seinen Urenkel gedacht: für einen Leser, dem seine Werke und Tage nicht fremd geworden, aber ferngerückt sein würden. Die Publikation, zu der er in hohem Alter seinen fünfzigjährigen Sohn ermächtigte, traf schon die Enkelgeneration; aber die Wandlungen, die seit der Vorkriegszeit die englische, die europäische Szenerie bewegt hatten, machten wohl den geringeren Abstand wett. Die drei Bände geben eine Auswahl aus dem Tagebuch und aus Briefen Nicolsons an seine Frau und an die Söhne aus den Jahren 1930–1945, ergänzt durch einige an ihn gerichtete Briefe, fast alle von seiner Frau, eingeleitet und kommentiert auf mustergültig hilfreiche Weise von Nigel Nicolson. Anhand dieser Texte läßt sich verfolgen, wie Nicolson bei der Beaverbrookpresse ein Auskommen, aber keine Befriedigung findet, wie er von Oswald Mosley, dem Gründer und Führer der «New Party», angezogen und bald enttäuscht wird, wie er sich als Publizist ein wachsendes Ansehen schafft und als «National Labour»-Vertreter für West Leicester ins Unterhaus kommt, wie er als Anhänger Edens in der Aussenpolitischen Kommission die Appeasement-Politik Chamberlains kritisiert, wie er während des Krieges zuerst im Informationsministerium, dann in der Aufsichtsbehörde der BBC, immer als treuer Anhänger Churchills, stets aber auch als Verbindungsmann zur «France libre» mitwirkt und wie er am Ende des Kriegs seinen Unterhaussitz nach zehn Jahren wieder verliert. Das ist der äußere Rahmen.

*

Schon zeichnet sich ab, was ein Freund ihm einmal ohne Umschweife sagte: er sei eine nationale Figur – zweiten

Ranges. Er selbst verstand sich ungefähr so; jedenfalls hat er sich nie überschätzt. Hingegen dachte er oft über seine Grenzen nach, und mit dem Erfolg, daß die Leser seiner privaten Äußerungen nun mehr von ihm wissen als früher die Kritiker und Bewunderer seiner öffentlichen Leistungen. Zum Beispiel wird man ihn nicht für so «typisch englisch», für ganz so selbstverständlich aristokratisch halten, wie das wohl üblich war, namentlich unter Amerikanern, die er seinerseits freilich «incurably suburban» fand... Gewiß ging er von Standesunterschieden aus, hauptsächlich aber doch von bildungsmäßigen; «wohlbelesen und wohlerzogen» wünschte er sich seine Freunde. Die Atmosphäre, die «Mahagoni und Silber und Pfirsiche und Portwein und gute Manieren» ausströmten, liebte er bei den Gutsnachbarn; den eigenen Ort sah er eher im Übergang zur «Bohème» in ihrer damaligen Ausprägung. «Zwischen zwei Welten» – von da war es nicht mehr weit zu «Zwischen zwei Stühlen», zu einem Unbehagen, das ihn nicht selten befiel. Sein Tagebuch spiegelt den hohen Gewinn, den vielseitige Begabung, leichter Zugang zu Menschen und rasches Verständnis der Probleme ihm eintrug; und die Gefahren, die ihm zugleich aus all dem erwuchsen. Immer wieder ermahnt er sich, nicht «oberflächlich» zu sein, denkt er über seine Scheu vor Emotionen nach, auch über seinen Mangel an Selbstvertrauen und an kämpferischem Instinkt; «am I a serious person at all?» fragt er sich einmal.

«Ich bin immer noch vielversprechend, und ich werde es weiter sein bis zum Tag meines Todes», schreibt der 50jährige am Silvester 1936. Die heitere Verzweiflung konnte er sich immerhin leisten. Er hatte die materiellen Schwierigkeiten, die seinem Austritt aus dem Foreign Office gefolgt waren, überbrückt; er war von der journalistischen Arbeit, die ihn belastet hatte, befreit; er saß im Parlament; sein Freundeskreis war die geistige Elite des Landes; er wie seine Frau erreichten in dieser Zeit die Höhe ihres internationalen literarischen Ruhms; ihr Familienglück war zu dieser Zeit ungetrübt, sie hatten in Sissinghurst einen Wohnsitz von einzigartiger Schönheit gefunden. Aber nun nahm Harold Nicolson doch – und damals schon, und mit Recht – sehr ernst, was Aneurin Bevan ihm später sagte: die Intellektuellen seien in einer schwierigen Lage, denn ihr Geschmack ziehe sie nach der Vergangenheit hin, ihre Vernunft nach der Zukunft; mit diesem Zwiespalt könne man leben, in der Politik müsse er schließlich zum Austrag kommen. Zur Politik fühlte sich Nicolson hingezogen, mehr noch, verpflichtet; die Stürme und die Gezeitenwechsel im Unterhaus faszinierten ihn; zu seinen Wählern fand er ein menschlich-würdiges Verhältnis, das er mit dem des Arztes zu seinen Patienten verglich. Doch immer bleibt die Bereitschaft deutlich, ja überdeutlich, sich vor brutaleren Kräften geschlagen zu geben und sich als Fremdling in einer rauh und barbarisch gewordenen Welt vorzukommen. Er möchte zwar (1942) «lieber hundert Tonnen Getreide nach Griechenland schikken können als ein unsterbliches Werk schreiben»; aber er möchte doch (1944) lieber englische Soldaten als italienische Kunstschätze opfern. Es geht nicht auf – warum auch sollte es? Nur mag sich so das Fehlen einer letzten Durchschlagskraft erklären. Als Beobachter war er unübertrefflich. Im Februar 1939 sah er zum erstenmal ein «Television Set» und notierte sich: diese Erfindung könne «die ganze Grundlage der Demokratie verändern»... Aber er wollte mehr als Beobachter sein; und glücklich fühlte er sich, wenn er sagen konnte: «... auf meine absonderliche, verspielte, abseitige Weise helfe ich mit.»

*

Was ein junger Leser von einem Tagebuch halten werde, das in einem fort «lunched here, dined there» verzeichne, fragt er sich einmal. Tatsächlich braucht man einige Zeit, bis man von Tafelrunde zu Tafelrunde die Orientierung bewahrt; und tröstlich kann man es finden, daß Nicolson selbst seine Tischnachbarn nicht immer gleich wiedererkannte. Aber langsam prägen sich die Hauptpersonen ein: Mosley, noch in jugendlichem Glanz, noch am Scheideweg zwischen Jungkonservatismus und Arbeiterbewegung, doch schon von der Rolle des faschistischen Volkstribunen ergriffen; Beaverbrook als leidenschaftlicher Manager und politischer Rechner; Churchill 1930: alt und matt geworden; Churchill 1936: der unberechenbare Parlamentarier; Churchill 1940: auf der Höhe seines kämpferischen und rhetorischen Elans; Eden, der überlegenste, aber in seiner angestrengten Fassung scharf beobachtete Freund, und Duff Cooper, der Nicolson vielleicht näherstand, als daß er ihn hätte beschreiben mögen; Chamberlain in seiner «Verbindung von eigentlichem religiösem Fanatismus und geistiger Mogelei» und Halifax mit seinem Friedensentwurf von 1940 – «It is all about God»; Macmillan, dessen taktische Begabung er früh erkennt, und Montgomery, der ihm sogleich ganz zuwider ist; König Edward VIII., dessen «Affäre» er mit Verständnis und Sorge verfolgt, und die Königin, Georges VI. Gemahlin, die er seltsamerweise mit Kleopatra vergleicht; Daladier, der sich neben den Ministern Seiner Majestät ausnimmt «wie ein iberischer Weinhändler, der den römischen Senat besucht», und de Gaulle, den Nicolson in vielem begreift, aber wenig liebt: er könne nicht vergessen, daß einer seiner Vorfahren für Jeanne d'Arc gekämpft habe... und reizvoll im Rückblick der Protest des Generals gegen das provisorische Geld der Alliierten im befreiten Frankreich: «c'est de la fausse monnaie». T.S. Eliot erscheint als eine Art «priesterlicher Rechtsanwalt» – «dyspeptic, ascetic, eclectic»; James Joyce an der Grenze zum bloß noch Skurrilen; Dylan Thomas jenseits der Grenze des Salonfähigen, Philip Sassoon zu sehr diesseits; Claudel stößt ihn ebensosehr ab, wie Gide ihn anzieht. Das sind nur einige wenige.

Was suchte Nicolson, als er inmitten der Zwischenkriegszeit die figurenreiche Bühne der Londoner Politik, Publizistik, Gesellschaft betrat? Etwas, das immer wieder gesucht wird und schwer zu finden ist: «an intellectual appeal to a new attitude of mind». Es schien ihm, als hätten die traditionellen Parteien den Anschluß verloren; als wäre der Augenblick günstig, die bewegten Fronten in andere, sinnvollere Muster zu bannen; und als wäre das nun die Aufgabe einer hohen geistigen Kraft. Von der «New Party» befürchtete er zuerst, sie werde im Tory-Sozialismus landen; dann erkannte er den «conflict between the intellectual and physical side» der Bewegung. Er löste sich von einer kurzen Illusion und begann sich mit dem Gedanken vertraut zu machen, daß die politische Wirkkraft mehr noch aus dem Instinkt als aus dem Intellekt stamme. Oder vielleicht doch nie ganz vertraut – wie er denn auch «zu heikel und zu kritisch» blieb, um mit der letzten Festigkeit an die Demokratie zu glauben. Seine aristokratische Sympathie für den «under-dog» ersetzte aber – bei ihm wie bei vielen andern – ein volles Begreifen der Sozialstruktur und ließ ihn «deren Übergang vom zerfallenden Kapitalismus zum organisierten Staat» als unvermeidlichen Weg in die Zukunft des Landes verstehen. Indessen brachte die Weltentwicklung es mit sich, daß sein vorwiegend doch außenpolitisches Interesse und seine diplomatische Schulung zum Zug kamen – zugleich, daß die Normen der Parteidisziplin zurücktraten hinter der ihm viel gemäßeren Pflicht zu nationaler Solidarität.

Am 17. März 1936 fand Nicolson in den Hallen und Gängen des Parlaments ein Gesumme von «Leuten, die Unterschriften für Resolutionen sammelten, die eine des Inhalts, daß nichts uns zu einem Krieg, die andere, daß uns nichts zu einem Wortbruch verleiten werde». Das war der Zwiespalt, aus dem auch er sich nur langsam, in deutlich empfundenem Gegensatz zur Stimmung der Mehrheit, teils unter dem Eindruck eigener Informationen und Wahrnehmungen über den Nationalsozialismus, teils unter dem Einfluß Edens – mehr noch als Churchills – erhob. Erst zwei Jahre später, so scheint es, stand er auf festem Boden mit seiner nun vehementen Ablehnung des Appeasement; am 21. Februar 1938, nach Edens Rücktritt aus dem Kabinett Chamberlain, hielt er eine seiner bedeutenden Unterhausreden, und mit einer Art Erleichterung stellte er dann im Frühsommer fest, man wechsle allmählich aus der Zone der Furcht in die Gegend des Zorns hinüber. Noch war Chamberlains Scheintriumph nach dem Münchner Abkommen durchzustehen; bald danach wurde die Lage ernst – aber einfacher. Von nun an liest man Nicolsons Tagebuch und die ergänzenden Schriftstücke weniger auf die innere Auseinandersetzung als auf die Spiegelung äußerer Vorgänge hin. Den Grundton gibt eine uneingeschränkte Loyalität gegenüber dem Kriegspremier, für den dieser kluge, wortgewandte und unvergleichlich integre Gefolgsmann doch eine Randfigur war und blieb – vielleicht eben weil seine Loyalität so gar nicht in Frage stand.

*

«The past is too sad a recollection and the future too sad a despair», notiert er zu Beginn des Krieges: jetzt könne man nur mit der Gegenwart fertig werden. Den beiden Söhnen muß er die Bewährung an der Front überlassen; ihnen schreibt er, daß es ihn vom Ersten Weltkrieg her verfolgt, «niemals entdeckt zu haben, ob ich ein Held bin oder ein Feigling». Das zweite trifft auf ihn ganz gewiß nicht zu; seine neugierig-nachdenklichen Beobachtungen während der Luftangriffe auf London beweisen es. Doch nicht nur Selbstbeobachtungen stellt er an: seine Tätigkeit im Informationsministerium wie seine Kontakte mit der Wählerschaft in West Leicester nötigen ihn, die Verhaltensweisen der Bevölkerung täglich zu registrieren. Sorgenvoll stellt er antifranzösische Reaktionen nach der Niederlage von 1940 fest; angenehm überrascht ihn die prorussische Welle, auch in «höheren Kreisen», nach Hitlers Angriff auf die Sowjetunion. Mit Spannung verfolgt er, wie der latente soziale Gegensatz seine Schärfe verliert, da die Deutschen nicht nur die Arbeiterviertel der Hauptstadt, sondern auch Bond Street und Park Lane bombardieren, und wie Wendell Willkie, der geschlagene Rivale Präsident Roosevelts, vom «Patriotismus der Kapitalisten» beeindruckt ist. Auf halbem Weg durch den Krieg versucht er auch wieder, sich eine Vorstellung von Englands Zukunft zu machen: Mitte 1942 sieht er sie in einem «angepaßten Sozialismus, weitgehend abhängig von Amerika, verarmt, schwach. Aber noch vorhanden und bewahrt in unserer Unabhängigkeit und in unserer Ehre.» Am Ende des Jahres erklärt er zuversichtlich: «Ich glaube, wir werden die Sozial- und Wirtschaftsprobleme des 20. Jahrhunderts wohl mit so viel Weisheit und Duldsamkeit lösen, wie wir die politischen Probleme des 19. Jahrhunderts gelöst haben.»

Immer bleibt in diesen Aufzeichnungen sichtbar, wie Harold Nicolson sein vornehmstes Ziel, ein ersprießliches Verhältnis der britischen Führung zu den französischen Alliierten, zur «France libre», durch alle Phasen ihres oft gestörten Zusammenwirkens verfolgt. Hier kommt ihm nicht nur sein diplomatisches Flair zustatten, das ihm auch einen leidlich entspannten Umgang mit einem so schwierigen Partner wie de Gaulle möglich macht: hier kann er auch seine sprachliche und literarische Kompetenz geltend machen, hier am ehesten ist er, nach beiden Seiten hin, Autorität. So wird er ein wertvoller Verbindungsmann zu den Bevollmächtigten des Generals in London, zu Botschafter Massigli seit 1944. Sonderaufträge führen ihn nach Nordafrika, später in die Metropole. Vor und nach der Landung in der Normandie spricht er im Unterhaus; das erstemal, um gegen die Brüskierung der französischen Verbündeten durch Roosevelt und Churchill zu protestieren; das zweitemal, um die Anerkennung des Gouvernement Provisoire zu fordern: unter dem praktischen Gesichtspunkt seine erfolgreichste Rede, wie er vermerkt.

*

Wer nach der Summe und dem Ergebnis dieser Tätigkeit fragt, könnte leicht in Versuchung geraten, Nicolsons reiche Produktion aufzählend zu nennen: seine wichtige offiziöse Rechtfertigungsschrift «Why Britain is at War» von 1939; seine vielen Radiovorträge, seine Ansprachen in englischen Städten, bei der Armee, im Ausland; seine Bücher, seine Zeitungsartikel. Was all dies an Arbeitslast, aber auch an Gelingen, an sinnvollem Dienst einer geistigen Kraft im Gemeinwesen darstellt, kann man beim Lesen der Tagebücher und Briefe vollends ermessen – zweifelhaft war es nie. Nimmt man das persönliche Verdienst hinzu, das an einem weithin geglückten Lebensplan teilhat, ohne ihn freilich allein zu tragen, so weiß man kaum mehr, was dem in jeder Hinsicht begünstigten Mann an Erfolg noch gefehlt haben sollte. Tatsächlich bleibt nur die Frage übrig, die er selbst sich gelegentlich stellte: ob er auf den Gang der Dinge mitgestaltend eingewirkt hat oder ob er doch bloß ein Zaungast, ein Beobachter war. Der Stachel dieser Frage scheint in das Dasein der Intellektuellen wesentlich zu gehören; Nicolson war zu gescheit, zu wohlerzogen und zu gut, um gegen ihn zu schlagen.

Seine Leistung ist die eines Zeugen, im vielfachen Sinn des Wortes. In einer Zeit und an einem Ort großer Entscheidungen war er dabei, er stand nicht nur daneben. Er dachte sich nicht nur sein Teil, er dachte mit denen, die Verantwortung trugen, und trug so Verantwortung mit. Was er dachte, sprach er aus, privat, halböffentlich, öffentlich, wie die Sache es forderte. Er gab Zeugnis von seinem Denken, er gab ihm Form, und die Form ist selbst wieder Zeugnis: für die Festigkeit des Zusammenhangs, in dem das Denken sich hält; für geprüfte Normen, für geklärte Sachverhalte, für Erfahrung und Bildung, für Kultur «als

Gesamtheit dessen, was dem Menschen als solchem Ehre macht und geziemt». Und gleichzeitig für ein beschränktes, bedingtes, individuelles Verstehen, für die Grenzen einer seelischen Anlage, die, bei Nicolson, nicht ins Schöpferische oder ins Spekulative ausgreift, sondern sich um die wache, kritische Treue zur menschlich-gesellschaftlichen Realität schließt. Zeugenschaft umfaßt die ganze Spannweite zwischen der Zuschauerrolle und der entscheidenden Mitwirkung; in ihr hat sich Harold Nicolson unter wechselnden Verhältnissen jederzeit selbst den angemessenen Platz zugewiesen und hat eben dadurch seine sichere Fühlung mit dem Geschehen gültig bezeugt.

ZWÖLFTES KAPITEL

Die Gesamtdeuter – Spengler und Toynbee

Es gibt zwei Zugänge – und damit zwei Auseinandersetzungen, zwei Kritikmöglichkeiten – für den Leser *Oswald Spenglers*. Exemplarisch zeigte den einen Weg 1924 der Aufsatz Thomas Manns *Über die Lehre Spenglers*. Hier werden Autor und Buch in Zusammenhang gebracht mit Leistungen wie dem *Reisetagebuch eines Philosophen* des Grafen Hermann v. Keyserling, mit dem *Nietzsche* Ernst Bertrams, mit dem *Goethe* von Friedrich Gundolf: mit Werken von hoch angesetzter Popularität, mit Pflichtlektüren für Gebildete im Deutschland der ersten Nachkriegszeit. Nur stellt Thomas Mann die «oberlehrerhafte Phantasielosigkeit des Spenglerschen Fatalismus», «seines hyänischen Prophetentums», seiner «boshaften Apodiktizität» weit unter den Rang dieser anderen Werke. Ein «froschkalt-‹wissenschaftliches› Verfügen über die Entwicklung und eine feindselige Nichtachtung solcher Imponderabilien, wie des Menschen Geist und Wille sie darstellen», sagt er Spengler nach. «Die Geschichte», so faßt er dessen Lehre, auch nicht unboshaft, aber übrigens richtig, zusammen, «besteht in dem Lebenslauf vegetativer und strukturgleicher Organismen von individueller Physiognomie und begrenzter Lebensdauer, die man ‹Kulturen› nennt. Es sind bisher acht an der Zahl: die ägyptische, indische, babylonische, chinesische, antike, arabische, die abendländische (unsere eigene) und die Kultur der Mayavölker Zentralamerikas. Obwohl aber ‹gleich› nach ihrer allgemeinen Struktur und ihrem allgemeinen Schicksal, sind die Kulturen streng in sich geschlossene Lebewesen, unverbrüchlich gebunden eine jede an die ihr eigenen Stilgesetze des Denkens, Schauens, Empfindens, Erlebens, und eine versteht nicht ein Wort von dem, was die andere sagt und meint. Nur Herr Spengler versteht sie samt und sonders...»

Daß nun – und davon geht *Der Untergang des Abendlandes,* das Hauptwerk Spenglers, tatsächlich aus – die jeweilige «Kultur» zur äußerlich-technisierten «Zivilisation» wird; und daß wir selbst, nämlich die Bewohner des 19./20. Jahrhunderts, eben diesen Prozeß erleben – «Intellektualismus, Rationalismus, Relativismus», sozial das «Fellachentum», politisch den «Cäsarismus» –: das ist ein Vorgang, den «der Mann dieses erquicklichen Ausblickes... mit fatalistischer Wut in seinen Willen aufnimmt» – konservativ, wie er zwar eigentlich wäre. Soweit Thomas Mann. Er hat recht, gegenüber dem «Snob», der «von Nietzsche schreiben gelernt, ihm die verhängnishaften Akzente abgeguckt» und «von Goethe den Begriff der Morphologie entlehnt» hat: gegenüber dem Präzeptor der historischen Unausweichlichkeit, der aber noch am 18. Dezember 1918 an seinen vertrautesten Freund und Bewunderer schrieb: «... was uns heute Hoffnung gibt, ist die Gewißheit, daß die Monarchie gestärkt aus dieser Krise hervorgehen wird...»: ein Satz, der Mann – wenn er ihn gekannt hätte – nicht übel in das Konzept seiner feindnachbarlichen Invektive gepaßt hätte. Denn Konkurrenz spielte hier mit, Konkurrenz unter den Deutern – nicht der Geschichte, aber des deutschen Schicksals und einer Katastrophe, von der man begriff, daß sie weit über das eine Land hinausreichte und nach umfassender Erklärung, nach Einordnung in ein sehr großes Ganzes verlangte. Die Unterscheidung zwischen «Zivilisation» und «Kultur» hatte Mann – in seinen *Betrachtungen eines Unpolitischen* – auch für fruchtbar gehalten, allerdings zum Zwecke der räumlichen, nicht der zeitlichen Abstufung zwischen westlicher und deutsch-slawischer Geistesart. Und Wertvorstellungen Nietzsches, auch Schopenhauers, sind hinter diesem wie hinter Spenglers Entwurf – und noch hinter vielen Büchern gestanden, die damals System in chaotische Zeitvorstellungen zu bringen suchten.

*

Der andere Zugang führt nicht so sehr über die Aktualität wie über die Wissenschaftsgeschichte. Daher müssen wir hier etwas weiter ausholen. Die Historische Schule, von der man ungenau, aber nicht falsch sagt, daß sie von Ranke begründet sei, hat die Geschichtschreibung in Deutschland um 1900 beherrscht; sogar hat sie sich im akademischen Establishment noch ein halbes Jahrhundert länger erhalten; wozu die Stagnation im historischen Denken während des Ersten Weltkriegs und erst recht während des Dritten Reichs allerdings beitrug; und wobei es an Opposition nie gefehlt hat. Nun ist die Historische Schule in sich nicht so einheitlich, wie man das von einer «Schule» erwarten könnte. Ranke selbst legte größten Wert darauf, seine Darstellungen auf detaillierter Kenntnis der Primärquellen aufzubauen. Aber alle Aufmerksamkeit für das Detail hat ihn nicht gehindert, im Lauf seines freilich sehr langen Lebens eine Geschichte der Päpste und eine Reformationsgeschichte, eine Englische, eine Französische, eine Preußische Geschichte, mehrere andere Bücher und zuletzt noch eine zwar unvollendete, aber immerhin neunbändige Weltgeschichte herauszubringen: Beweis genug, daß er am einzelnen denn doch nicht hängenblieb.

Bei den meisten seiner unzähligen Schüler verhielt sich das anders. Die Ranke-Nachfolge war unter anderem geprägt durch ein so verdienstvolles Unternehmen wie die *Jahrbücher des Deutschen Reiches.* Jeder der beteiligten Gelehrten nahm sich hier eines mittelalterlichen Kaisers an, dessen Taten er nicht nur Jahr für Jahr, sondern je nach Quellenlage auch Monat für Monat und Tag für Tag verzeichnete. Was einerseits gewiß Fortschritt der Wissenschaft (und notwendige Grundlage für vertiefte und weitergreifende Studien) war, konnte doch auch als Rückfall in die Annalistik anmuten. Wo war die «Philosophie» einer solchen Arbeit? Wo blieb die «Sinngebung», wo der universale Ausblick, den doch gerade Ranke gepflegt hatte? Einer der frühen Antipoden zur Historischen Schule wurde der Leipziger Professor Karl Lamprecht, der namentlich in seiner *Deutschen Geschichte* kausalistische und sozialpsychologische Vorstellungen zur Grundlage einer neuartigen, nicht politisch, sondern kulturell und gesellschaftlich ausgerichteten Darstellungsweise zu machen suchte. Er und seine Schüler wurden aufs gründlichste abgelehnt – man wußte an den Universitäten auch damals genau, was man *nicht* wollte. Seine Lehre von den «Kulturzeitaltern» weist aber unmittelbar auf Spengler voraus.

Ebenso das sozialgeschichtliche Konzept Kurt Breysigs, aus dem eine Menschheitsgeschichte erwachsen sollte: die Bezwingung ungeheurer Stoffmassen in theoretischer Absicht, seit 1896 unermüdlich betrieben, hat eine zumindest formale Ähnlichkeit mit dem Spenglerschen Unternehmen und geht gleich ihm auf Anstöße durch Burckhardt und Nietzsche zurück; nur war Breysig geschulter Historiker, während man bei Spengler allenfalls von einer naturwissenschaftlich-philosophischen Ausbildung sprechen kann (er promovierte 1904 mit einer Dissertation über Heraklit und schrieb für das Staatsexamen eine Zulassungsarbeit über die Entwicklung des Sehorgans); noch besser nimmt man ihn als den Autodidakten, der er hauptsächlich war. «Mein ‹Studium›. Nur Vorlesungen belegen, weil andre sie belegten... Wie ich ohne jede Vorarbeit in die Prüfungen stieg. Sieben Fächer angemeldet, keines studiert. Ich tat immer ganz was anderes.»

Ein weiterer Vorläufer und wahrscheinlicher Anreger war Otto Seeck, dessen *Geschichte des Untergangs der antiken Welt* Spengler 1912 kennenlernte. Im Vorwort zum *Untergang des Abendlandes* schreibt er, ohne übrigens Seeck zu erwähnen: «Der Titel, seit 1912 feststehend, bezeichnet in strengster Wortbedeutung und im Hinblick auf den Untergang der Antike eine welthistorische Phase vom Umfang mehrerer Jahrhunderte, in deren Anfang wir gegenwärtig stehen.» Die Grund-Parallele, das erste Element seiner Geschichtskonstruktion, wird eben durch die «Gleichzeitigkeit» des Verfalls von antiker und europäischer Kultur gebildet; Gleichzeitigkeit verstanden als Übereinstimmung von Phasen im «Leben» zweier historischer «Organismen». In der Ausdeutung dieser Parallele hat sich Spengler mit *einem* bedeutenden Vertreter der offiziellen Geschichtswissenschaft einig gefunden, mit Eduard Meyer, dessen universales Verständnis des Altertums seinem großräumig-vergleichenden Denken entgegenkam: «Eduard Meyer war der einzige Mensch auf der Welt, mit dem ich mich auf allen Gebieten unterhalten konnte und der mich wirklich verstand», sagte er 1930, nach dem Tod des Gelehrten.

*

Spengler war 1880 geboren; *Arnold J. Toynbee* kam 1889 zur Welt. Der *Untergang des Abendlandes* erschien 1918 und war – daran läßt sich nichts ändern – ein vielgelesenes und repräsentatives Buch der ersten Nachkriegszeit, von politischer Bedeutung insofern, als es in Deutschland den Glauben an die Republik untergraben half (den Glauben an das Dritte Reich zu verlieren hatte der 1936 verstorbene Autor noch reichlich Gelegenheit). Das Werk mit dem nüchternen, aber nur scheinbar bescheidenen Titel *A Study of History*, das 1934 zu erscheinen begann, ist erst nach 1945 zu seiner großen internationalen Wirkung gelangt. Die beiden Verfasser standen sich altersmäßig zwar nahe, doch in ihrer Ausstrahlung waren sie eine volle Generation auseinander – «gleichzeitig» nur im Spenglerschen Sinn der Zugehörigkeit zu analogen Phasen, allerdings innerhalb ein- und derselben Zivilisation. Der Vergleich lehrt, daß sie sich ähnlich und grundverschieden waren. Toynbee historisch-humanistisch geschult, Spengler philosophisch-naturwissenschaftlich belesen. Beide jedoch methodisch – und bei Toynbee erstaunt das mehr – auf einer Metapher gründend: Kultureinheit ist *(wie)* ein Organismus, «wächst», «vergeht». Die Betrachtung so verstandener historischer Zusammenhänge nannte Spengler «Morphologie» – er hatte von Goethe nicht nur «den Begriff entlehnt», sondern sich eine Sehweise angeeignet, die er nach seiner Art für die einzig richtige hielt; Toynbee nannte sie einfach «History» und lehnte die radikale Trennung zwischen Kulturen (bei ihm *civilizations*), ab: eine steht auf den Schultern der andern. «Auf den Schultern», damit bleibt das Bild der Individualität bestehen.

Der Untergang des Abendlandes ist aus einem Guß; *A Study of History* nicht. Ihre eigene, lange Geschichte ist in ihr mitgespiegelt. Aus der Summe der verglichenen Zivilisationen hat sich «das Ganze» nicht, wie es ursprünglich sollte, ergeben. Toynbee sah sich mit Recht in der Opposition zur traditionell-offiziellen Geschichtswissenschaft, wenn er in einem Kulturkreis das kleinste mögliche Feld der Betrachtung fand. Aber er lenkte in eine größere Tradition ein, als er im Lauf seiner Arbeit dazu geführt wurde, auch über diesen Bereich noch hinauszugreifen, weil nicht einmal er sich aus sich allein verstehen ließ. In dem Aufsatz, der den Band *Civilization on Trial* eröffnet, nennt Toynbee die Vorzüge, welche die griechisch-römische Welt als historisches «Übungsgebiet» hat: wir können sie «im notwendigen Abstand und als ein Ganzes sehen, weil sie abgeschlossen ist»; anderseits ist «ihr Horizont eher allumfassend als eng begrenzt... Überblickt man die griechisch-römische Geschichte vom Anfang bis zum Ende, so ist Einheitlichkeit ihre beherrschende Note. Als ich einmal diese große Symphonie erfaßt hatte, lief ich nicht mehr Gefahr, dem seltsamen Solo der engbegrenzten Geschichte meines Heimatlandes zu verfallen, das mich sonst bezaubert hatte, als ich meiner Mutter zuhörte. Sie hatte es mir Lied für Lied vorgesungen, wenn sie mich abends zu Bett brachte.»

Die Nationalgeschichte war also schon für den jungen Historiker überwunden. Ihrer Begrenzung schien die antike Welt nicht unterworfen zu sein; Hellas und Rom zeigten sich vielfach und eng verbunden, zugleich unabhängig von einer Außenwelt: abgeschlossen und universal. Ihre kulturelle Einheit und Einmaligkeit stand außer Zweifel; wenn ihr Erbe in der Folgezeit weiterwirkte, so nur in wesentlich verändertem Gesamtzusammenhang; die abendländisch-lateinische, die byzantinische Kultur, sie beide hoben sich von der großen gemeinsamen Vorgängerin ab durch die Verschiedenheit der Religion. Aber eben hier: an dem Punkt, wo es sich die Betrachtung am Blick auf die Aufeinanderfolge von autonomen Zyklen genügen lassen konnte, auf den stets wiederholten Kreislauf des Lebens von Kulturen und auf eine charakteristische Rolle der jeweiligen Religion – eben hier hat Toynbee im Lauf seiner Arbeit den zweiten Durchbruch vollzogen, der ihm die hermetische Umwandung seiner Zivilisationen wieder zerstörte. «Die Zusammenbrüche und Niedergänge von Zivilisationen», schreibt er in dem Aufsatz *Christendom and Civilization,* «könnten Stufen einer religiösen Aufwärtsbewegung sein.» Und weiter: «Wenn die geschichtliche Aufgabe höherer Religionen keineswegs darin liegt, beim Kreislauf der Wiedergeburt von Zivilisationen als Puppen zu dienen, sondern vielmehr die der Zivilisation darin, durch ihren Untergang Stufen für eine fortschreitende Offenbarung immer tieferer religiöser Einsicht zu sein sowie zur Erlangung immer höherer Gnade, nach dieser Einsicht zu handeln: dann wird jene Art von Gesellschaften, die wir Zivilisationen nennen, ihre Aufgabe erfüllt haben, wenn sie einmal eine reifere, höhere Religion hervorgebracht hat.»

So also kann eine Entwicklung auch über die «Grenzen» zwischen Kultureinheiten hinweggehen. Und zum möglichen Feld der Betrachtung wird einerseits das Universale schlechthin, die «Gesamtindividualität der Weltgeschichte», wie Meinecke einmal gesagt hat. Anderseits tritt – trat bei Toynbee im Lauf der Zeit immer mehr – die entgegengesetzte, die kleinste historische Einheit hervor: das menschliche Individuum. Denn da nach Toynbees Beobachtung das verbindende geschichtliche Element – das, was eine Kultur aus sich entließ und einer nächsten tradieren konnte – die Religion war, erwies sich die einzelne, «in the belief in the presence of some spiritual force» verwurzelte Person zuletzt wieder als einzige wirkliche Trägerin der Geschichte. Indem sich Toynbee nach zwei Seiten hin, in der Richtung auf das Universale und in der Richtung auf das Individuelle, von seinem systematischen Grundkonzept löste, wurde aus dem Nachfolger Spenglers ein Schüler Bossuets – die Rechtgläubigkeit abgerechnet, auf die seine agnostisch-humanistische Frömmigkeit keinen Anspruch erhob.

*

Toynbee ist einmal von einem Journalisten gefragt worden, welches der Antrieb gewesen sei, unter dem er seinen weltgeschichtlichen Plan während Jahrzehnten verfolgt habe. «Er erhob sich höflich von seinem Stuhl», erzählt Harold Nicolson, «und gab Auskunft mit einem einzigen Wort: ‹Neugier.›» Unwahrscheinlich, daß Oswald Spengler auf eine entsprechende Frage so geantwortet hätte. Er hat sich nicht als Geschichts*forscher,* sondern als Geschichts*denker* betrachtet. Unter den Rezensionen zum ersten Band seines Hauptwerks entdeckte er «nicht viel Gescheites» – «außer der Bemerkung Simmels, daß es sich um die wichtigste Geschichtsphilosophie seit Hegel handelt...» Auf Einwände, die unter Berufung auf historische Tatsachen an ihn herangetragen wurden, reagierte er kaum. Ein Brief Adolf v. Harnacks scheint ohne Antwort geblieben zu sein, obwohl er zur Rechtfertigung der Hauptthese Spenglers herausgefordert hatte mit dem Satz: «Auch die einseitige Beurteilung der Kulturen als geschlossener Größen scheint mir fehlerhaft gegenüber ihrem kettengliedartigen Ineinandergreifen, mögen dabei auch die Kettenglieder neue Werte erhalten haben.» Spengler bediente sich zwar einer «historischen Beweisführung» (schon der Begriff setzt die Aufhebung der methodischen Grenze zwischen Natur- und Geisteswissenschaften voraus); doch deren Ergebnis stand ihm zu deutlich vor Augen, als daß er Fakten zur Kenntnis genommen hätte, die nicht in seinem Sinn deutbar waren. Bezeichnend ist in diesem Zusammenhang seine Äußerung: «Daß die Kirche das geringste von antikem Sein *als solchem* bewahrt hätte, ist ein Irrtum.» Die Bedeutung einer unleugbaren Kontinuität wird durch das unbestimmt-anspruchsvolle Wort «Sein» und sicherheitshalber noch durch das ebenso strenge wie doch auch inhaltlose «als solchem» verdrängt. Vollends im Bereich der politischen Publizistik hat Spengler eine sachliche Beglaubigung seiner Aussagen schroff verweigert.

Der Gegensatz zur schulmäßigen Historie ist Spengler und Toynbee gemeinsam. Beide waren sie Außenseiter; Spengler in höherem Grad und auch freiwilliger – eine Berufung an eine deutsche Universität wäre für ihn zeitweise in Frage gekommen, die Leitung des einst von Lamprecht gegründeten Instituts in Leipzig war ihm einmal angeboten. Er wollte, teils aus Gesundheitsrücksichten, teils um seiner Unabhängigkeit willen, Privatgelehrter bleiben; eine Lebensform, die ihm nach Kriegsanleihen und Inflation empfindliche Einschränkungen auferlegte. Toynbee war seit 1925 und blieb bis 1955 Professor an der Londoner Wirtschaftshochschule; ein Lehrer im vollen akademischen Sinn des Wortes wurde er nie. Doch stand er tiefer in der wissenschaftlichen Auseinandersetzung als Spengler, der von Historikern als Philosoph (und vice versa), von Gelehrten als populärer Schriftsteller eingestuft und übergangen werden konnte. Die Fachkritik hat Toynbee nicht vernachlässigt und freilich auch nicht verschont. Die Rezensionen des holländischen Historikers Pieter Geyl oder einer britischen Autorität wie Hugh Trevor-Roper sind gewaltige Abrechnungen. Nicht nur, weil sie den Nachweis unzähliger Irrtümer, tendenziöser Vereinfachungen, unzulässiger Beweisführungen und innerer Widersprüche erbringen – was bei einem Werk von vielen tausend Seiten und einer Entstehungszeit von über dreißig Jahren wohl eher Schwerarbeit als ein Kunststück ist. Sondern weil sie auf einen Vorwurf hinauslaufen, der Toynbee wiederum nahe an Spengler heranrückt; zu nahe tatsächlich.

Er sei ein Prophet des Untergangs und ein Verräter an der westlichen Gesellschaft: so lautet der Vorwurf in seinem – doppelten – Kern. Nun sahen wir schon, daß Toynbee die «eiserne Lehre» vom unaufhaltsamen Tod einer jeden Kultur und so auch der unsern nicht aufrecht erhält. Und wir hörten, daß nicht oder nicht nur der Wille zur Systematisierung des gesamten Geschichtsverlaufs ihn auf sein weitläufiges Unternehmen gebracht hat, sondern auch «Neugier»: ein Interesse für alles, was über die Vergangenheit der Menschen in Erfahrung zu bringen ist. Schon das unterscheidet ihn von Spengler, der in seinen acht «Kulturen» eine Beweislast anhäufen wollte zugunsten seiner Prognosen, ohne sich eine Faszination durch den weltgeschichtlichen Stoff – hier kann man sagen: «als solchen» – anmerken zu lassen. Seinerseits hätte Toynbee die vergleichende Betrachtung nur um der Theorie willen nicht gleich auf alle erkennbaren «Zivilisationen», vierzehn tote, sieben überlebende, ausdehnen müssen. Die universalhistorisch-empirische Absicht ist offenkundig; aber auch sie zielt, wenn nicht auf eine prophetische Theorie, so doch auf eine Lehre. Nämlich, Toynbee will sagen, daß unsere Zivilisation oder Gesellschaft eingeordnet ist unter gleich strukturierte – gleichartige – gleich*wertige* Gebilde; und er läßt keinen Zweifel daran, daß er mit Hilfe dieser Erkenntnis dem Europazentrismus der bisherigen Geschichtschreibung den Garaus machen will. Die Kritik an der *Study of History,* an ihrem System, richtet sich gegen den Versuch, die historische Rolle des Abendlands einzuebnen. Dieser Versuch hat mit Spenglers Dramatisierung des europäischen «Schicksals» eine methodische, aber kaum eine dogmatische Ähnlichkeit.

Nun ist die hartnäckig, oft polemisch vertretene Ablehnung eines europazentrischen Welt- und Geschichtsbilds bei Toynbee nicht bloß als Korrektur einer alten und tadelnswerten Gewohnheit der historischen Wissenschaft zu verstehen. Die Kritiker hatten recht, wenn sie in ihr noch darüber hinaus eine Antipathie gegen die historische *Realität* der europäischen Gesellschaft herausspürten. Toynbee war – und das geht auch aus seinen politischen Schriften hervor – Nonkonformist. Er nahm Stellung aus Widerspruch. Er konnte seine Leser verblüffen (und tat es bewußt), indem er die Untaten Hitlers zu den unvermeidlichen weltpolitischen Risiken rechnete, an den Juden aber manches auszusetzen fand. Besonders kritisch war er gegenüber England eingestellt. Kein Zweifel, wäre er als Japaner zur Welt gekommen, er hätte an den Japanern nicht viel Gutes gelassen. In solchem Zusammenhang sprach er von Demut – zu ihr ermahnte er seine europäischen und noch mehr die amerikanischen Zeit- und Schicksalsgenossen mit einem Eifer, an dem sie die Demut entschieden vermißten. Daß er den Richter spiele: man warf es ihm mit sehr ähnlichen Worten vor, wie auch Spengler sie hatte hören müssen.

Und selbst etwas von dem scheinbar wissenschaftlichen «Verfügen», das Thomas Mann einst im *Untergang des Abendlandes* so sehr auf die Nerven gegangen war, entdeckte man in der *Study of History* wieder: wenn da zum Beispiel dekretiert wurde, die Teilung Deutschlands nach 1945 sei zu begrüßen, weil «die Westdeutschen eher Europäer sind als die Ostdeutschen» und weil «bei ihnen die europäischen Eigenschaften möglicherweise stärker zutage treten, als wenn sie in demselben Reich wie die Ostdeutschen leben müßten».

*

Es sind nicht zufällig die Nahtstellen zwischen der weltgeschichtlichen und der politisch-aktuellen Betrachtung, die sich als brüchig erweisen. Der Blick auf das Ganze ist vom Schicksal des einzelnen abgewandt, und solang er sich nicht auf Verhältnisse richtet, in denen dieser einzelne leben muß, folgt man ihm gern. Geht er aber um der allgemeinen, «höheren» Ordnung willen gar zu scharf an Glück oder Unglück in der Gesellschaft vorbei, regt sich entweder Widerstand oder eine Zustimmung, die viel Selbstkritik und im gegebenen Fall auch Selbstquälerei enthält. Die hohen Auflageziffern von Spenglers Hauptwerk und noch mehr seiner Schriften zum Tage waren kein gutes Zeichen für die Gesundheit der deutschen *res publica*. Das vergleichsweise schwache Echo, das Toynbees späte Bücher gefunden haben, gibt vielleicht einen Hinweis darauf, daß man von ihm das Fürchten nicht unbedingt lernen wollte – oder auch nicht mehr zu lernen brauchte. Der Unterschied zwischen den beiden politischen Publizisten liegt aber darin, daß Spengler in *Jahre der Entscheidung* (1933) eigentlich nur noch den Rechtsstaat verhöhnte und von dem aufsteigenden Unrechtsstaat angesichts der auch ihm schließlich sichtbaren Nichtswürdigkeit seiner Repräsentanten enttäuscht war, während sich Toynbee von der Überwindung kolonialistischer, imperialistischer, westlich-zivilisatorischer Tendenzen doch einiges für die Zukunft versprach. So stehen die beiden dann wieder in genauem Gegensatz zueinander: Spengler sieht in der «Abdankung» der weißen Rasse vor farbigen Völkern den Untergang der Kultur: für Toynbee bedeutet der nämliche Vorgang den ersten Schritt in verheißungsvolles Neuland der Geschichte.

Der Mensch und die Technik lautet der Titel eines anderen Buchs von Spengler – eines ausgeweiteten Vortrags, mit dem er im Jahr 1932 ein wißbegieriges Publikum mehr überrascht als erbaut hatte. Der Text hält nicht, was der Titel verspricht, er ist keine Auseinandersetzung mit den Problemen, die das «Maschinenzeitalter» den Individuen und Gemeinschaften aufgibt; sondern er bietet eine – «metaphysisch», wie Spengler das nannte, entworfene – Anthropologie, ein Bild des *homo faber,* der (ungeschichtlich genug) mit dem Werkzeug in der Hand auf die urzeitliche Bühne tritt, allen damals schon gängigen Vorstellungen von prähumanen Entwicklungsstufen zum Trotz. Solche Entwürfe wird man bei Toynbee vergeblich suchen. *Seine* Aufsätze, wie sie in *Civilization on Trial* und anderen Bänden erschienen, *sind* «Kulturkritik» im landläufigen, empirischen Sinn, der ein spekulatives Element allerdings nicht ausschließt, ein Element, das auch in den Essays von Ortega y Gasset oder (auf höherem wissenschaftlichem Niveau) Jan Huizinga zu seinem Recht kommt. Wollte man den Erfahrungsgrund, auf dem sich Toynbee bewegt hat, vollständig analysieren, müßte man seine *Survey of International Affairs,* die er im Auftrag des Royal Institute of International Affairs («Chatham House») von 1924 bis 1956 herausgab, systematischer auswerten, als es bisher geschehen ist. Spenglers Kenntnis der politischen Gesamtsituation seiner Zeit hatte keine auch nur von fern vergleichbare Basis.

Eine letzte, merkwürdige Parallele. Spengler, nachdem er zur Politik gesagt hatte, was er nicht hatte ungesagt lassen können, wandte sich einem Werk wieder zu, das ein Gegenstück zu dem «Untergangs»-Buch werden sollte, jedoch über erste Ansätze nicht mehr hinausgedieh: eine Weltgeschichte oder, nach seiner Ausdrucksweise, eine Geschichte des Menschen – von den Anfängen bis zur Gegenwart. Und von Toynbee kam, zwei Jahre nach seinem Tod, eine Geschichte der Menschheit heraus: *Mankind and Mother Earth – A Narrative History of the World.* Worin nicht die Haupt- und Staatsaktionen der «Weltgeschichte», sondern die einander folgenden Formen des Überlebens unserer Spezies dargestellt sind.

Beide Geschichtsdenker wurden also zuletzt wieder zu Geschicht*schreibern,* traten in die älteste Tradition ihres Wissensbereichs wieder ein. Nachdem sie den Zeitläuften eigene Gesetze diktiert hatten, fügten sie sich dem Gesetz, das im Lauf der Zeit selber angelegt ist.

DREIZEHNTES KAPITEL

Die geschichtliche Synthese – Fernand Braudel

«Peut-on saisir, en même temps, d'une façon ou d'une autre, une histoire qui se transforme vite, tient la vedette du fait de ses changements mêmes et de ses spectacles – et une histoire sous-jacente plutôt silencieuse, à coup sûr discrète, quasi insoupçonnée de ses témoins et de ses acteurs et qui se maintient, vaille que vaille, contre l'usure obstinée du temps?» Das ist die methodische Grundfrage des französischen Historikers Fernand Braudel – so formuliert im Vorwort zur zweiten Auflage des Werks «La Méditerranée et le monde méditerranéen à l'époque de Philippe II» (1963/66), doch der Sache nach schon gestellt mit der Konzeption dieses Buches, vor dem Zweiten Weltkrieg; wieder aufgenommen in der Arbeit «Civilisation matérielle et capitalisme» (1967); und auf eine Fülle von Antworten hin fortentwickelt in den drei Bänden «Les Structures du cotidien – Les Jeux de l'échange – Le Temps du Monde» (1979). Freilich, was der Autor, Lehrmeister der Nachkriegsgeneration, in eine Frage faßte – und was wir gern als solche verstünden –, ist ihm doch auch zum stehenden Widerspruch geworden. «Cette contradiction décisive, toujours à expliquer», fährt er fort, «s'avère un grand moyen de connaissance et de recherche.» Also nicht eine Antwort, sondern die Entfaltung der Frage und des von ihr umschriebenen Gegensatzes dient nach Braudel dazu, der Geschichtswissenschaft neuen Stoff und Gehalt zu erschließen. Die Ergebnisse seiner eigenen Forschung geben ihm recht.

Nicht fragend – auch nicht der Form nach – hat Braudel

seinen methodischen Ausgangspunkt im Vorwort zur ersten Auflage der «Méditerranée» (1946/49) bezeichnet. Programmatisch ist dort eine «décomposition de l'histoire en plans étagés» angekündigt: die Unterscheidung, ja die getrennte Behandlung «d'un temps géographique, d'un temps social, d'un temps individuel». Daher die berühmte Dreiteilung seines Werks: «La part du milieu» – «Destins collectifs et mouvements d'ensemble» – «Les événements, la politique et les hommes». Eine Dreiteilung, die der Sache nach kaum etwas Neues war. Auch die traditionellste Landesgeschichte mochte Einleitendes über Bodengestalt, Klima, Vegetation mitteilen, um dann Konstanten der Landwirtschaft, des Verkehrs und der Siedlungsformen, weiter des Handels zu nennen, von Rohstoffvorkommen primäre Möglichkeiten der Industrie herzuleiten und je nachdem auf gesellschaftliche Grundmuster vorläufig hinzuweisen; all dies freilich im Sinn einer bloßen Grundierung des Historienbildes, in welchem die Darstellung erst so recht zu sich selber kam. Neu also war bei Braudel – und bei der Gruppe um «Annales», zu der er als Nachfolger und Fortsetzer Lucien Febvres, Marc Blochs zählt – die Verselbständigung des «temps géographique» und des «temps social» vom «temps individuel». Die Präzisierung ist wohl erlaubt, daß nicht so sehr «Zeiten» wie «Zeitmaße» unterschieden wurden, drei Rhythmen; wobei sich der eilige Taktschlag der «histoire événementielle» aus dem langsamern Gang kollektiver Wandlungen löste, beide aber aus dem kaum merklichen Fortschreiten der Landschaftsgeschichte aufsteigen sollten. In der Einheit der Mittelmeerwelt war dann begründet, daß diese Zeitmaße doch auch symphonisch zusammenstimmten. Braudel hätte sich legitimerweise auf Meineckes Begriff der «Gesamtindividualität der Weltgeschichte» stützen können; er hätte an «geprägte Form, die lebend sich entwickelt» seine Vorstellung der Geschichtslandschaft knüpfen können; doch sein erklärtes Ziel war «de bâtir l'histoire autrement que nos maîtres l'enseignaient», und sein methodisches Manifest war nur untergründig auch ein künstlerisches, letztlich aus der Idee des Organischen stammendes Bekenntnis.

Der «histoire sous-jacente» kam Priorität zu – eine Priorität des Aufbaus, die niemand bestreiten konnte. Aber auch eine Priorität der Wahrnehmung? Wird der Historiker einer Kollektivexistenz vor dem Einzelschicksal, welches sie freilich trägt, ansichtig? Oder dringt er in die säkularen Lebensgesetze des Mittelmeerraums ein, ehe er Aufstieg und Niedergang Genuas oder Pisas begreift? Was Braudel selbst über den Werdegang seines Buches mitteilt, scheint auf das Gegenteil hinzudeuten. Er nahm es 1923 in Angriff «sous la forme classique, certainement plus prudente, d'une étude consacrée à la politique méditerranéenne de Philippe II». Von den Ereignissen her vertiefte er diese Studie nach sozialen Grundlagen und nach naturgegebenen Strukturen, Momenten hin. Doch aus dem Ende seiner Erkundung machte er den Beginn seiner Darstellung. Das war programmatisch – und war, wie vieles Programmatische, ein wenig künstlich. Nachdrücklich verweilend beschrieb er das (beinahe) Zeitlose; da er zuletzt wieder zu den Zeitläufen kam, hatten sie ihre Faszination verloren. Den dritten Teil rang er sich, wie er selbst bezeugt, mühsam ab; in «Civilisation matérielle et capitalisme» war ein Bericht über Ereignisse im fraglichen Zeitraum nicht vorgesehen; in der letzten, großen Strukturanalyse ist er nur sehr implizit einzusehen. Und doch ist der Schlußteil der «Méditerranée» nicht weniger bedeutend als Anfang und Mitte dieses bedeutenden Buches. Wenn irgendwo, so «datiert» es in den geographischen Schilderungen, die der Entdeckerstolz bisweilen zu sehr in Schwung gebracht hat. «La vie de la mer n'entraîne pas dans son sillage uniquement ces fragments de terre que sont les îles, ces minces rubans que sont les côtes. Elle se répercute jusqu'aux profondeurs des continents. Elle mêle sans effort à son existence ces mondes tournés vers elle et surtout ces vastes blocs de terre que sont les péninsules...» Ganz gewiß. Nur würde man's heute schon wieder einfacher sagen.

Doch das Problem liegt tiefer, liegt bei den Zielen der Geschichtschreibung selbst. Braudel stößt durch die Abstraktionen einer diplomatisch-militärischen, allenfalls noch ideengeschichtlichen Schulhistorie zur realen Anschauung durch; andere haben es vor ihm getan, Jacob Burckhardt zum Beispiel. Indem er nun konsequent auf die Lebenssituation der Bürger statt auf die Politik der Stadt, auf den Alltag im Land draußen statt auf Sensationen bei Hofe ausgeht, müßte er eigentlich immer konkreter werden. Aber das trifft nicht zu. Denn das Realste ist am Ende das Vereinzeltste und läßt sich nur mitteilen, wenn man es einordnet, in Kategorien zusammenfaßt, unter Begriffe stellt. So kommt es, daß Braudel im zweiten Teil «Les formes de la guerre» behandelt: das Kriegswesen; und erst im dritten die wirklichen Kriege: Malta, Lepanto ... «La théorie précède l'histoire», sagt Raymond Aron. Die Abstraktion, die wir als «histoire événementielle» überwinden, erwartet uns in der «histoire sous-jacente» wieder: denn sie ist nicht an Themen gebunden, sondern an unser Bemühen, mit ihnen fertig zu werden.

Freilich müssen wir mit der Möglichkeit rechnen, daß nicht allein methodische Überlegungen die Tendenz, den Charakter des Werks bestimmen. Auch ein ideologischer Zug teilt sich, mindestens stimmungsmäßig, dem Leser mit. «Surtout pas d'événements!» – die Parole stammt nicht primär aus wissenschaftlicher Einsicht, sondern aus gelebter Erfahrung. Sie könnte über Braudels Geschichtsbetrachtung und über den Lehren der «Annales» stehen und so das Wirken einer Gelehrtengeneration mit einem weitverbreiteten Zeitempfinden verbunden zeigen. Nachkriegssituation, zweimal bestanden: sie schloß mit der Ablehnung machtpolitischer Großtaten auch die Absage an die Historie ein, die auf solche sich allzu ausschließlich eingestellt hatte: an die «maîtres d'alors». Und sie gab der Polemik Nahrung «contre des positions anciennes, aujourd'hui oubliées dans le monde de la recherche, sinon dans celui de l'enseignement», wie Braudel im Vorwort zur zweiten Auflage sagt: «Notre polémique d'hier», so erklärt er, «poursuit des ombres.»

Und zu den Schatten ist denn wohl vieles gewichen, was die Geschichtschreibung auf der Ebene bloßer Staatsaktion festgehalten und sie von weitesten Lebensbereichen der Vergangenheit isoliert hatte. Doch nun erhält die befreiende, öffnende Wirkung gerade eines Buches wie der «Méditerranée» ihren vollen Sinn erst dadurch, daß nicht nur die Schattenwelt sich bevölkert, sondern daß anderseits neues Blut in die ganze reiche Substanz der historischen Wissenschaft einströmt – in die Substanz, zu der auch «pensiero ed azione», Gedanke und Tat, gehörten. Braudel hat seinem Werk einen Satz des José Acosta vorangestellt: «Jusques aujourd'hui l'on n'a point descouvert au nouveau monde aucune Méditerranée comme il y en a en Europe, Asie et Afrique ...» So gewiss die unverwechselbare Individualität der Mittelmeerwelt in der geographischen «Zeit» angelegt und im «temps social» entwickelt ist, so gewiß erfüllt und vollendet sie sich in *der* Zeit, die nach den Maßen der Politik, der menschlichen Entscheidungen faßbar ist.

Nachweis

Die Kapitel des Buches beruhen auf folgenden Publikationen:

Festgabe Leonhard von Muralt, Zürich 1970 (Einleitung).
Die Großen der Weltgeschichte, Zürich 1970 ff. (Erstes, fünftes, zwölftes Kapitel).
Stimmen der Zeit 194, München 1976 (Zweites Kapitel).
Saeculum Humanum, Neapel 1957 (Drittes, viertes Kapitel).
Liberalismus – nach wie vor, Zürich 1980 (Siebentes Kapitel).
Jacob Burckhardt, Staat und Kultur, Manesse-Bibliothek, Zürich 1972 (Neuntes Kapitel).
Otto v. Bismarck, Aus den Schriften, Reden, Briefen und Gesprächen, Manesse-Bibliothek, Zürich 1976 (Zehntes Kapitel).
Neue Zürcher Zeitung (Sechstes, achtes, elftes, dreizehntes Kapitel).